Colección Completa de Libros de Instrucciones de Origami para Niños

Origami Japonés Fácil + Origami Edición Animales

Ben Mikaelson

© Copyright 2018 - Todos los derechos reservados.

No es legal reproducir, duplicar o transmitir cualquier parte de este documento por medios electrónicos o en formato impreso. La grabación de esta publicación está estrictamente prohibida.

Tabla de Contenido

Tabla de Contenido 3
Origami para Niños 5
Introducción 6
Capítulo Uno: ¿Qué es el origami? 7
Capítulo Dos: Comenzando 11
Capítulo Tres: Símbolos 15
Capítulo Cuatro: Un Corazón Fácil 17
Capítulo Cinco: Una Copa 23
Capítulo Seis: Una Carta 29
Capitulo Siete: Una Cigarra 35
Capítulo Ocho: Un Pájaro 41
Capítulo Nueve: Un Pequeño Barco 48
Capítulo Diez: Un Pez Cabeza 55
Capítulo Once: Un Pavo Real 62
Capítulo Doce: Una Cara De Zorro 68
Capítulo Trece: Un Gato 73
Capítulo Catorce: Un Tulipán 81
Capítulo Quince: Una Ballena 87
Capítulo Dieciséis: Un Brachiosaurus 92
Capítulo Diecisiete: Una Grulla 99
Palabras Finales 112
Libro de Instrucciones de Origami para Niños Edición de Animales . 115
Introducción 116
Capítulo 1: Todo Sobre el Origami 118
Capítulo 2: Lo que Necesitarás 121
Capítulo 3: Cómo Hacer un Cuadrado de un Rectángulo 124
Capítulo 4: Unos Cuantos Pliegues 126
Capítulo 5: Símbolos para Empezar 136
Capítulo 6: Tigre (Cara) 138

Capítulo 7: Cerdo (Cara) 145
Capítulo 8: Bulldog (Cara) 151
Capítulo 9: Pez 157
Capítulo 10: Búho 164
Capítulo 11: Murciélago 172
Capítulo 12: Cachorro de Oso 179
Capítulo 13: León 190
Capítulo 14: Pingüino 199
Capítulo 15: Ornitorrinco 206
Capítulo 16: Gorila 215
Capítulo 17: Cisne 225
Capítulo 18: Jirafa 231
Capítulo 19: Ardilla 238
¡Te veo pronto! 247

Origami para Niños

Libro de Instrucciones fáciles de Origami Japonés para Niños

Ben Mikaelson

Introducción

Felicitaciones por la compra de *"ORIGAMI PARA NIÑOS: Libro de Instrucciones fáciles de Origami Japonés para Niños."* Aquí encontrarás rápidamente la mejor introducción, más fácil y sencilla para entender el antiguo arte japonés del plegado de papel.

Hay muchos libros de origami. Si visita una librería o realiza una búsqueda en línea, encontrará cientos de ellos, ¡tal vez incluso miles! Pero este libro es diferente. Este libro fue escrito pensando en usted: ¿Quiere saber sobre el origami?, ¿qué es, de dónde viene y cómo hacerlo?, la mayoría de los libros sobre este tema son confusos y difíciles de entender (y quizás incluso un poco aburridos). Pero este libro lo llevará de la mano y lo guiará paso a paso a través de 14 patrones diferentes de origami. Cada patrón tiene imágenes útiles e instrucciones claras para guiarte. No estarás solo y no te perderás.

Los primeros son super fáciles. Se sorprenderá de lo rápido que aprende a doblar pedazos de papel simples y cuadrados en cosas que todos reconocerán: gatos, botes, pájaros, ¡incluso un dinosaurio! A medida que avanza en el libro, los patrones se volverán más desafiantes y aprenderá nuevas técnicas. Para cuando termine de leer el libro, no solo impresionará a su familia y amigos con sus nuevas habilidades de plegado de papel, sino que también los sorprenderá con su conocimiento de cultura e historia japonesa. No solo aprenderá palabras en japonés, sino que también aprenderá a dibujar algunas de ellas en el idioma japonés. Y a lo largo del camino, descubrirá cosas que nunca supo sobre zorros, pavos reales y muchas otras criaturas que tienen una conexión con la cultura japonesa.

Pasemos la página, entonces, y retrocedamos en el tiempo. Estamos a punto de encontrarnos 400 años en el pasado, en Edo, Japón ...

Capítulo Uno: ¿Qué es el origami?

Antes de comenzar a observar los patrones de origami y doblar papel, debemos aprender qué es el origami y de dónde proviene.

Vivimos en un mundo grande, hermoso y redondo que está lleno de personas que hablan diferentes idiomas y disfrutan de diferentes costumbres. De vez en cuando, sin embargo, una costumbre de un país se vuelve muy popular en todos los países. Eso es lo que pasó con el origami.

La palabra origami es una palabra japonesa que significa "doblar papel". ¿Sabía que el papel se inventó hace más de 2,000 años? Estamos tan acostumbrados a tener papel en nuestras vidas todos los días que no podemos imaginar un mundo sin él. Pero el papel no siempre ha existido. En lugar de escribir en un papel, la gente escribía en otras cosas, como tablas grandes de piedra o incluso pieles de animales secas. En China y otras partes de Asia, la gente escribía sobre bambú. Pero hace poco más de 2.000 años, un hombre chino llamado Cai Lun inventó el papel, o algo muy parecido. Cientos de años más tarde, otro chino, Ts'ai Lun, inventó un tipo de papel que estaba mucho más cerca del tipo de papel que usamos hoy en día.

La leyenda dice que, un día, Ts'ai Lun observó a una avispa haciendo su nido masticando pedazos de bambú, mezclándolos con su propia saliva y luego convirtiendo todo el lío en una sábana plana con sus pies. La avispa luego usó la hoja para construir un muro en su nido. Ts'ai Lun copió a la avispa, haciendo una pasta de bambú y agua y extendiendo la hoja plana para que se secara al sol. El conocimiento de su trabajo se extendió lentamente, primero a Oriente Medio y luego, mucho más tarde, a Europa.

El origami primero se hizo realmente popular en la ciudad japonesa de Edo, que hoy se llama Tokio y es la capital de Japón. El papel era caro y no estaba disponible para la mayoría de las personas. El papel y el plegado del mismo se limitaban a rituales religiosos y ceremonias formales. Pero con el tiempo, a medida que el papel se hacía más barato de fabricar, la gente en Edo comenzó a divertirse doblando el papel en formas que parecían animales, flores e insectos. Llamaron a este arte "origami" o "papel plegado", y rápidamente se hizo muy popular. La gente hacía mariposas de origami y las usaba como adornos de boda. Agregarían origami a los regalos, como lo hacemos hoy con tarjetas de felicitación. En lugar de una tarjeta, las personas recibirían un ave o una flor de origami.

La idea realmente es muy simple: tome una hoja de papel cuadrada y plana y conviértala en una especie de escultura doblando y plegando de forma creativa. Solo hay un pequeño número de pliegues básicos de origami, pero lo sorprendente del origami es que los pliegues se pueden combinar de muchas formas diferentes para hacer diseños realmente hermosos. El diseño de origami más conocido es la grúa japonesa, que es un ave bonita muy común en Asia. ¿Y adivina qué? ¡Vas a aprender a hacer una grulla de origami! ¡Seguirás un patrón que tiene 400 años!

La influencia del origami

Es fácil cometer el error de pensar que el origami es simplemente un pasatiempo, o incluso algo tonto. Pero la verdad es que el origami ha tenido un impacto significativo en cómo nuestra tecnología nos ha ayudado. ¿Creerías que el origami ha influido en cómo construimos autos? ¡Influyó! Piense en las bolsas de aire en el volante y el tablero del automóvil de su familia. ¿Cómo se imaginó la gente cómo meter esos airbags tan grandes en esos pequeños espacios? Así es: estudiaron origami. ¿Y has visto esos enormes espejos y paneles solares en las estaciones espaciales? ¿Cómo descubrieron los astronautas la manera de introducir esas cosas tan grandes en naves espaciales tan pequeñas? Sí, eso es correcto: estudiaron los principios del origami.

El Origami ha tenido una influencia en:
• Cómo construimos los coches.
• Cómo construimos los microscopios.
• Cómo hacemos la cirugía de corazón.
• Cómo construimos robots.

El origami no solo es divertido, en realidad puede ayudarnos. Se ha comprobado que hacer origami en forma regular ayuda a los estudiantes a estar más enfocados, coordinados y mejorar en matemáticas.

Pero, sobre todo, hacer origami es simplemente divertido. Entonces, ¿qué se necesita para hacerlo?

Los diseños de origami comienzan con una hoja cuadrada de papel. Puede ser simplemente papel blanco liso, coloreado o incluso puede tener diferentes colores, impresiones y patrones en cada lado. Depende de lo que quieras. Puedes usar un pequeño trozo de papel cuadrado o uno grande. Una vez más, depende de usted. ¡Sea creativo!

Las personas a veces usan tijeras cuando hacen origami, pero muchas personas prefieren simplemente doblar su papel y no usar ninguna otra herramienta. Eso es lo que haremos en este libro. No tendrás que usar tijeras para ninguno de los patrones que veas.

Antes de pasar al siguiente capítulo, quiero mostrarles algo que está muy bien:

¿Sabes qué es eso? Esa es la palabra origami en las letras tradicionales japonesas. Es posible que desee tomarse un tiempo y aprender a dibujarlo. Luego, puedes mostrar a tus amigos que no solo sabes cómo hacer origami, ¡también sabes cómo escribirlo en japonés!

Capítulo Dos: Comenzando

Afortunadamente, no necesitas muchos suministros para practicar el origami. De hecho, debería poder encontrar la mayor parte alrededor de su hogar. Esta simplicidad es la que hace que el origami sea un arte tan agradable: puede hacerlo desde casi cualquier papel y en casi cualquier lugar: en el autobús escolar, en la biblioteca o incluso acampando en una tienda de campaña. Si tiene algún papel con usted, hay una excelente posibilidad de que pueda hacer algo de origami con él.

Algunas personas piensan que usted necesita papel de origami costoso y difícil de conseguir, una guillotina para cortarlo y algo que se llama una "carpeta de huesos", que ayuda a hacer pliegues y pliegues afilados. Se llama carpeta de huesos porque tradicionalmente está hecha de un hueso, pero hoy en día, la mayoría son de plástico. Realmente no necesitas ninguna de estas cosas, especialmente cuando recién estás comenzando. Todo lo que necesita es un pedazo de papel y la capacidad de usar sus manos.

De estas cosas, lo más probable que pienses que necesitas es el papel de origami. Sin embargo, realmente no se necesita papel especial más que otras herramientas especiales. Recomiendo comenzar solo con el papel que necesita, y a medida que su interés y habilidad se expandan, puede invertir más. Si todo lo que tienes cerca es un bloc de notas, entonces úsalo. Si todo lo que tienes es un periódico, usa eso. Para pliegues simples, el papel de copia funciona muy bien. Mantiene un pliegue, no se arruga fácilmente y, lo mejor de todo, puede encontrarlo en casi todas partes. El único requisito es que el papel debe ser cuadrado. Eso significa que, si usa, por ejemplo, un trozo de papel de cuaderno, tendrá que cortarlo o rasgarlo en un cuadrado.

Hay un papel especial que ya está hecho para el origami llamado kami, que es la palabra japonesa para el papel. Por lo general, está coloreado en un lado y blanco en el otro, pero a veces tiene colores brillantes en ambos lados. Kami suele ser barato y es muy bueno para los principiantes. Tiene un pliegue muy bien (lo cual es importante en el origami, como pronto verás); no es caro; y viene en muchos colores.

También hay otro tipo de papel de origami llamado tant. Es más rígido que los kami y viene en tamaños más grandes. Pero también se rasga fácilmente, y solo viene en colores sólidos. Esto significa que kami es probablemente la mejor opción para los principiantes. Te recomiendo que visites una tienda de artículos de artesanía o manualidades; allí encontrarás muchos papeles diferentes hechos solo para origami y podrás elegir lo que sea mejor para ti.

¿Otros suministros?

No necesitarás tijeras para ninguno de los patrones de este libro. Lo que podrías querer, sin embargo, son algunos marcadores mágicos. Por ejemplo, en este libro harás una cara de gato de origami, y puedes hacerlo más lindo dibujando algunos bigotes con un marcador mágico. Y si quieres hacerlo extra lindo, puedes obtener un paquete de ojos saltones en la tienda de manualidades cuando compres tu papel.

Echa un vistazo a la cara de gato origami que vas a hacer en este libro:

Si eres muy artístico y quieres divertirte, puedes dibujar esos ojos en la cara de tu gato. Pero si lo prefiere, puede obtener un paquete de ojos saltones en la tienda de manualidades y pegarlos a su origami. Los ojos saltones se sacudirán y darán la vuelta, y harán que su gato se vea gracioso y alerta. Algunos de los ojos saltones que puedes comprar en la tienda de manualidades tienen espaldas pegajosas; algunos no lo hacen. En caso de que sus ojos saltones no tengan ya pegamento, es posible que también desee obtener una barra de pegamento mientras está en dicha tienda.

Lista de verificación

¿Qué necesitas para empezar? Aquí hay una lista de verificación útil:
- Papel cuadrado
- Marcadores mágicos (opcionales)
- Ojos saltones (opcional)
- Barra de pegamento (opcional)
- Entusiasmo (¡Este es el requisito más importante!)

Una vez que tenga todo lo que necesita, pase la página y aprenda a leer los símbolos que verá en los patrones. (No se preocupe, solo hay unos pocos y son fáciles de recordar).

Casi estamos allí…

Capítulo Tres: Símbolos

Este libro tiene muchas fotos para ayudarte a hacer origami. Las imágenes son claras y, a veces, son todo lo que necesita para completar el proyecto. Las instrucciones escritas son fáciles de seguir, también. Pero las imágenes contienen algunos símbolos que puede ser que veas por primera vez, así que quiero asegurarme de que entiendes lo que significan.

Echa un vistazo a esta imagen:

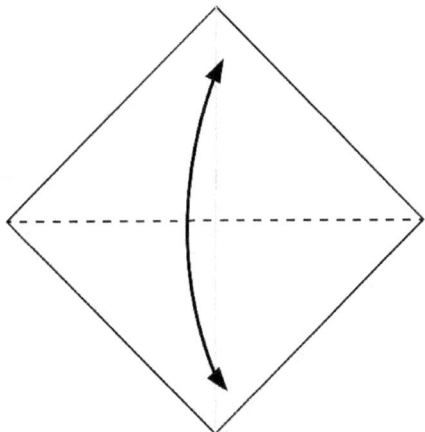

La línea de puntos le muestra dónde debe plegarse y desplegarse.
Las flechas te muestran la dirección para plegar el papel.
La línea gris continua le muestra dónde debe estar el pliegue.

Ahora mira esta foto:

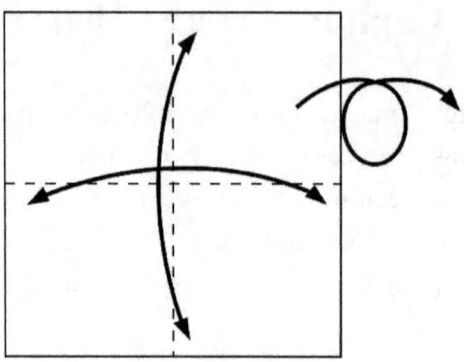

Si ve una flecha que gira, significa que debe voltear el papel.

¡Y eso es! (¿Ves? Te dije que eran fáciles de recordar.)
No te preocupes si los olvidas. Las instrucciones para cada patrón son fáciles de entender, y actualizaré tu memoria a lo largo del camino. Pero si alguna vez necesita estudiarlas, las imágenes de los símbolos siempre estarán aquí en el Capítulo Tres para que las estudie.

¡Hora de comenzar!

¿Estás listo? Estás a punto de comenzar un viaje y aprender un arte antiguo. Ahora tienes todo lo que necesitas. No hay necesidad de esperar más, ¡vamos!

Capítulo Cuatro: Un Corazón Fácil

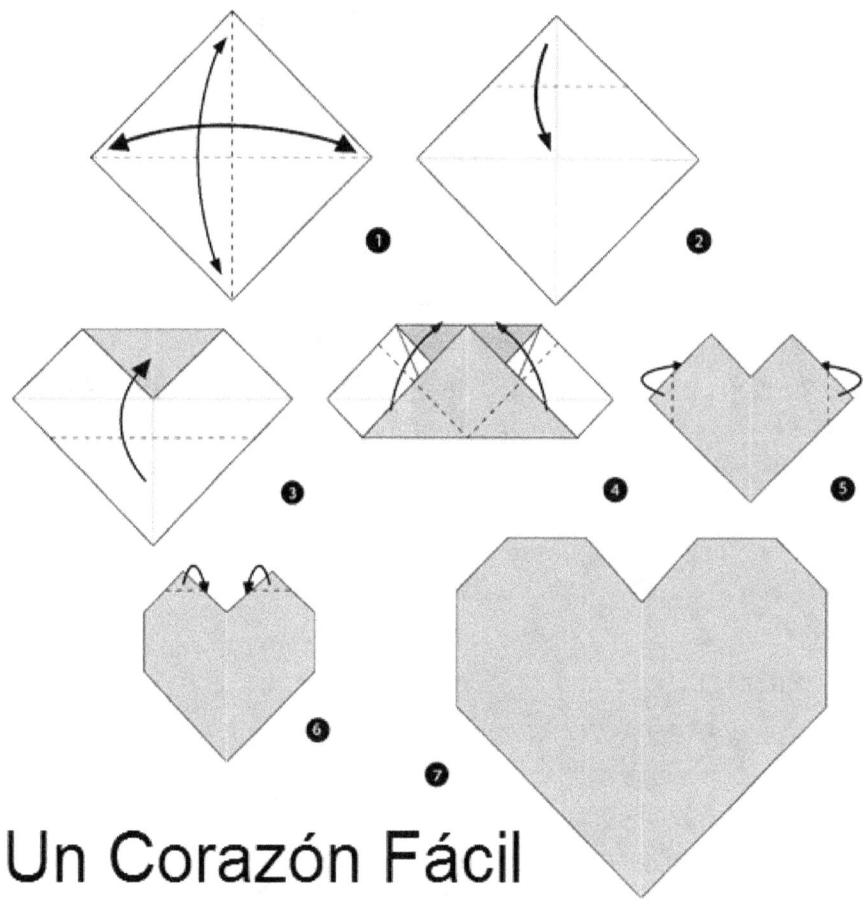

Un Corazón Fácil

Muy bien, vamos con algo fácil, pero también emocionante y hermoso: ¡Un corazón!

Este origami solo necesita unos pocos pliegues básicos y es una buena introducción al método paso a paso de este libro.

Paso 1

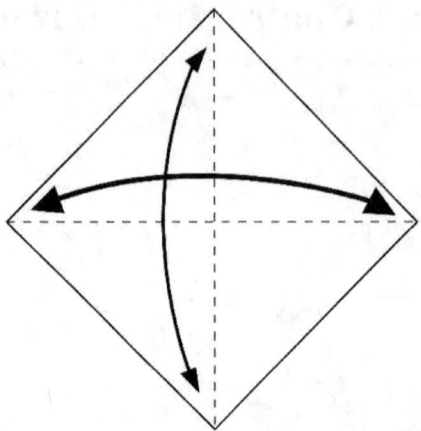

Como puedes ver en la imagen, **el paso 1** es muy fácil. Todo lo que tienes que hacer es hacer dos simples pliegues.

Pliegue # 1: toma dos esquinas opuestas y dobla el trozo cuadrado de papel por la mitad; luego desplegar el papel.

Pliegue # 2: tome las otras dos esquinas opuestas y doble el papel por la mitad nuevamente; y de nuevo, desdobla el papel.

¡Felicidades! ¡Acabas de dar tu primer paso hacia el mundo del origami!

Paso 2

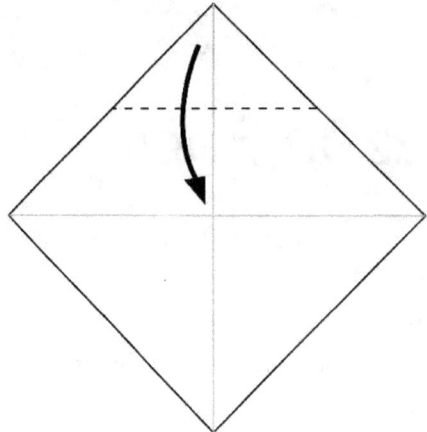

Coloque el papel plano sobre la mesa con una de las esquinas apuntando lejos de usted. (¿Ves las líneas grises sólidas en la imagen? Debes tener pliegues en el papel donde están las líneas grises.)

Ahora, doble esa esquina hacia abajo para que su punto toque el centro del papel. ¿Ves? Al igual que en la imagen.

Paso 3

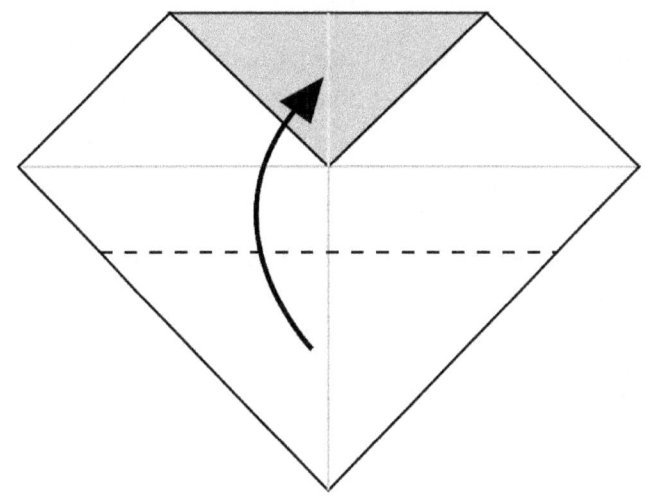

Ahora tomarás el punto de la esquina inferior y lo subirás para que toque la parte superior del pliegue que acabas de hacer. No te detengas en el centro de la plaza, continúa hasta el otro lado. Una vez que la esquina inferior esté nivelada con el otro lado, haga un pliegue.

Paso 4

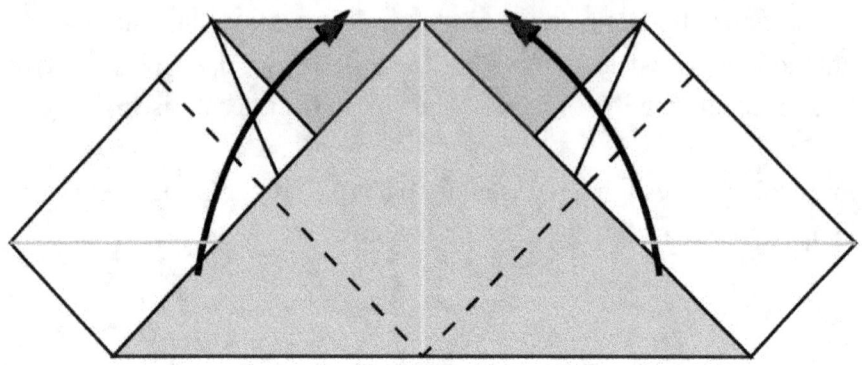

Este paso puede parecer complicado, pero en realidad es muy simple. Vas a hacer dos pliegues diagonales aquí, uno a la izquierda y otro a la derecha. Dobla cada lado hacia el centro y la parte superior del papel. Sigue la foto y será perfecto.

(Recuerda: las líneas grises continuas te muestran dónde están los pliegues. Las líneas negras de puntos te muestran dónde debes doblar).

Paso 5

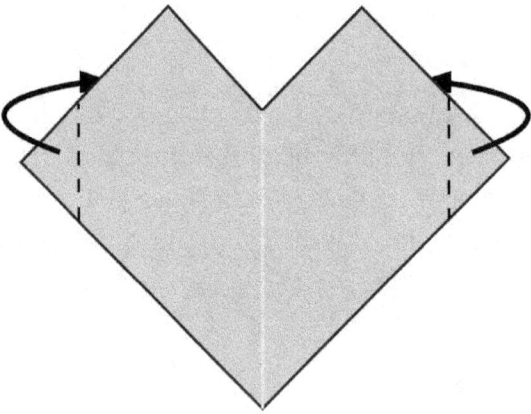

¡Te estás acercando! Tu papel ahora debería parecerse un poco a la letra V.
Tome la punta de cada lado, de nuevo, a la izquierda y la derecha, y doble un poco hacia atrás. ¿Ves las flechas en la imagen? Te muestran

en qué dirección hacer los pliegues. En este paso, por ejemplo, necesita doblar las esquinas hacia atrás y detrás del corazón.

Paso 6

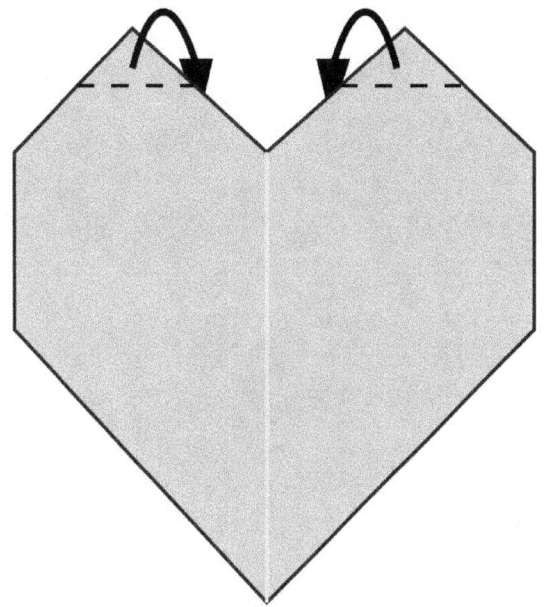

Ahora haga lo mismo con los dos puntos en la parte superior del papel: dóblelos detrás del corazón.

¡Felicidades! ¡Lo hiciste!

Date una palmadita en la espalda. Acabas de hacer tu primera figura de origami, que es todo un logro. Y aún mejor, hiciste un corazón. Dáselo a alguien especial para ti, ¡luego regresa y comienza el siguiente capítulo!

Capítulo Cinco: Una Copa

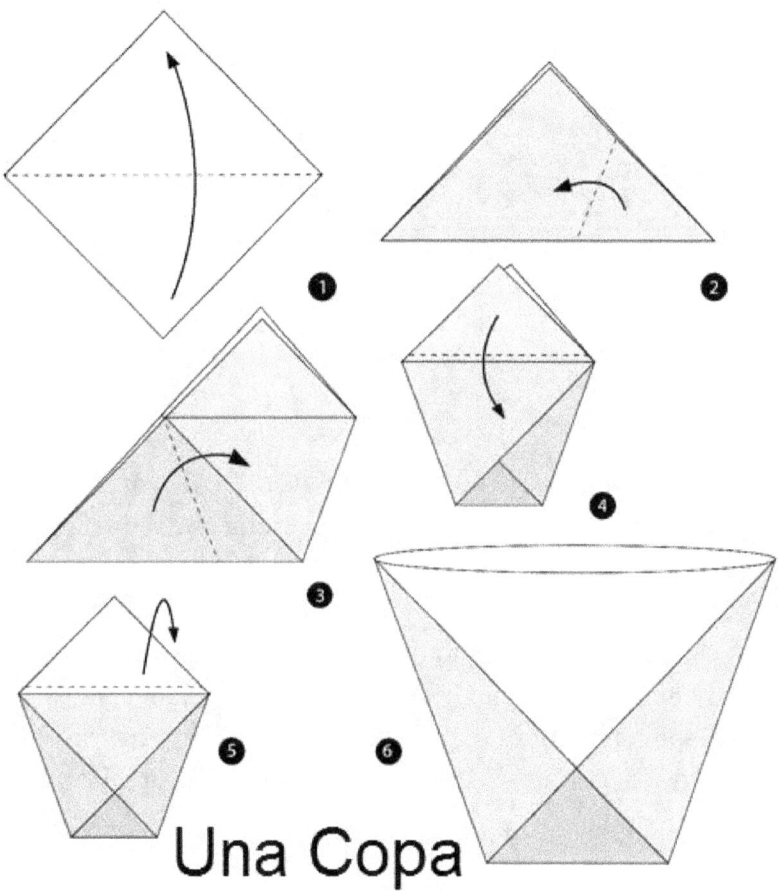

Una Copa

Un corazón es hermoso. ¿Pero una taza?

Sí, una copa de origami puede ser hermosa, especialmente con papel de colores. Pero incluso con papel normal, una taza de origami puede ser interesante y divertida de hacer. Simplemente siga las sencillas instrucciones y, en cuestión de minutos, tendrá en sus manos un lindo y pequeño vaso de papel. ¡Sin embargo, no pondría agua en ella!

Paso 1

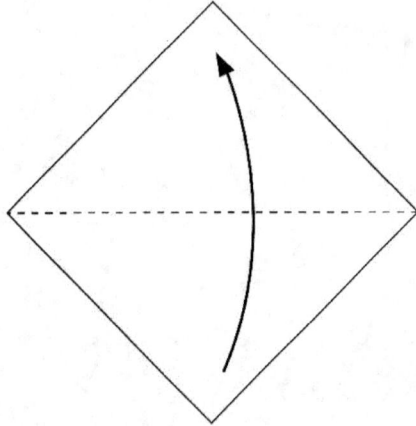

Al igual que hiciste con el corazón de origami, comienza con el papel cuadrado sobre la mesa. Una de las esquinas debe estar apuntando lejos de ti.

A estas alturas ya sabe lo que significa la línea de puntos: le muestra dónde hacer el pliegue. Como puede ver en la imagen, debes tomar la esquina inferior (la que está frente a usted) y traerla con la esquina superior (la que está apuntando lejos de ti) y doblar el papel por la mitad justo allí.

¿Lo tienes? ¡Genial! Acabas de completar el paso 1.

Paso 2

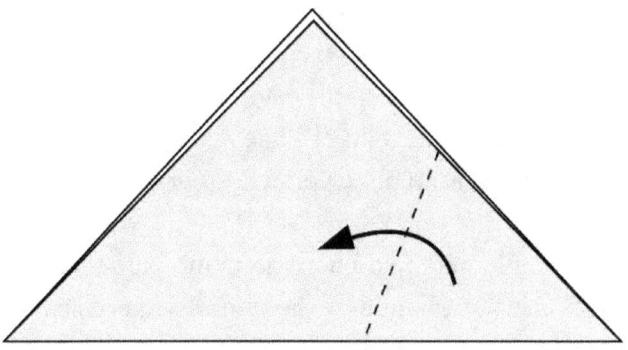

El papel todavía debe estar doblado por la mitad, con los puntos hacia afuera.

Ahora tome la esquina derecha y dóblela a lo largo de la línea de puntos que ve en la imagen. La punta de la esquina derecha debe estar ahora tocando el otro lado del triángulo, casi a la mitad.

Paso 3

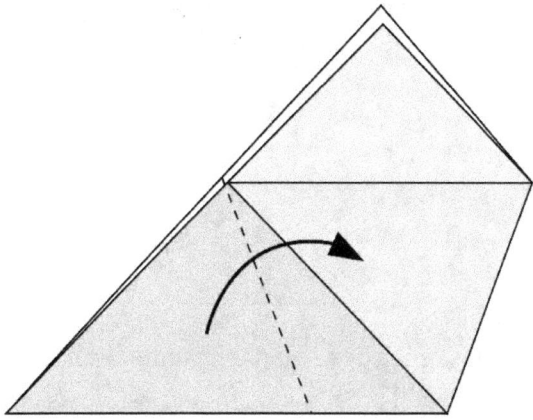

En el **Paso 3** vas a hacer lo mismo que hiciste en el **Paso 2**, pero desde la otra dirección.

Tome la esquina izquierda y dóblela hacia la derecha a lo largo de la línea de puntos que ve en la imagen. El punto de la esquina izquierda debe llegar hasta el lado derecho. Si esto le resulta confuso, no se preocupe, solo mire la imagen en el **Paso 4**. Le mostrará dónde debe ir la esquina izquierda y cómo debe verse la figura.

Este es probablemente un buen momento para mencionar que, si comete un error con sus pliegues, está bien. Apenas estás empezando a aprender un arte antiguo, por lo que es natural cometer algunos errores en el camino. Si alguna vez doblas algo incorrectamente, ¡está bien! Simplemente despliégalo y vuelve a intentarlo. Este es el momento de aprender y cometer errores. Muy pronto, harás diseños elaborados y artísticos como la gente hizo hace 400 años en Japón.

Etapa 4

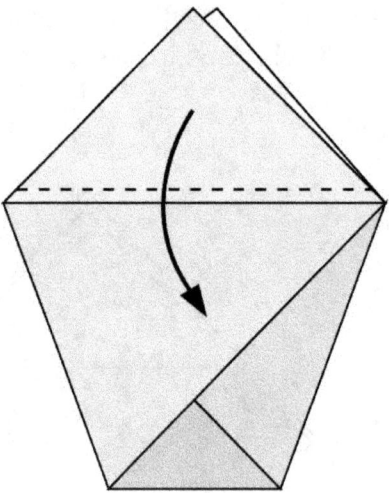

Ahora deberías tener dos solapas apuntando hacia arriba en la parte superior de tu taza. Tome la solapa que esté más cerca de usted y dóblela hacia abajo a lo largo de la línea de puntos que ve en la imagen. Notará que sus pliegues anteriores han hecho un pequeño "bolsillo" a lo largo del interior de la taza. Meta la solapa más cercana a usted en ese pequeño bolsillo.

Paso 5

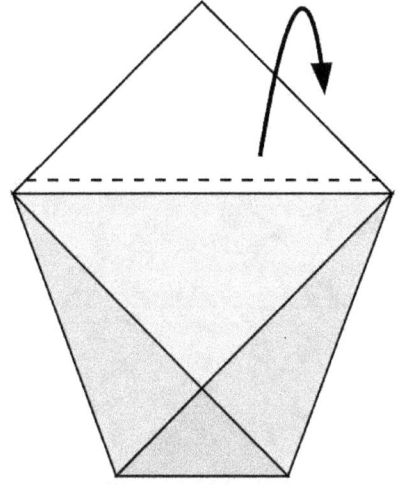

Ahora te quedó algo parecido a una taza.

Dobla hacia abajo como ves en la imagen y colócala en la taza. Si le das un apretón suave a la taza en sus lados, se abrirá y ...

¡Boom! ¡Has terminado!

Enhorabuena, acabas de completar tu segundo origami. ¡Serás un profesional muy pronto!

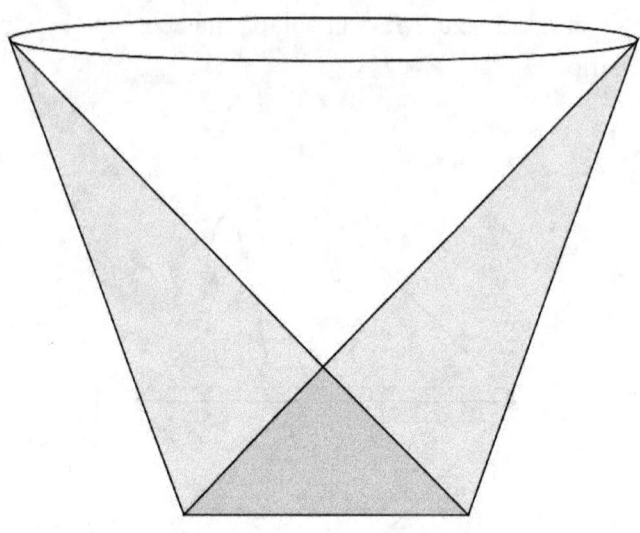

Capítulo Seis: Una Carta

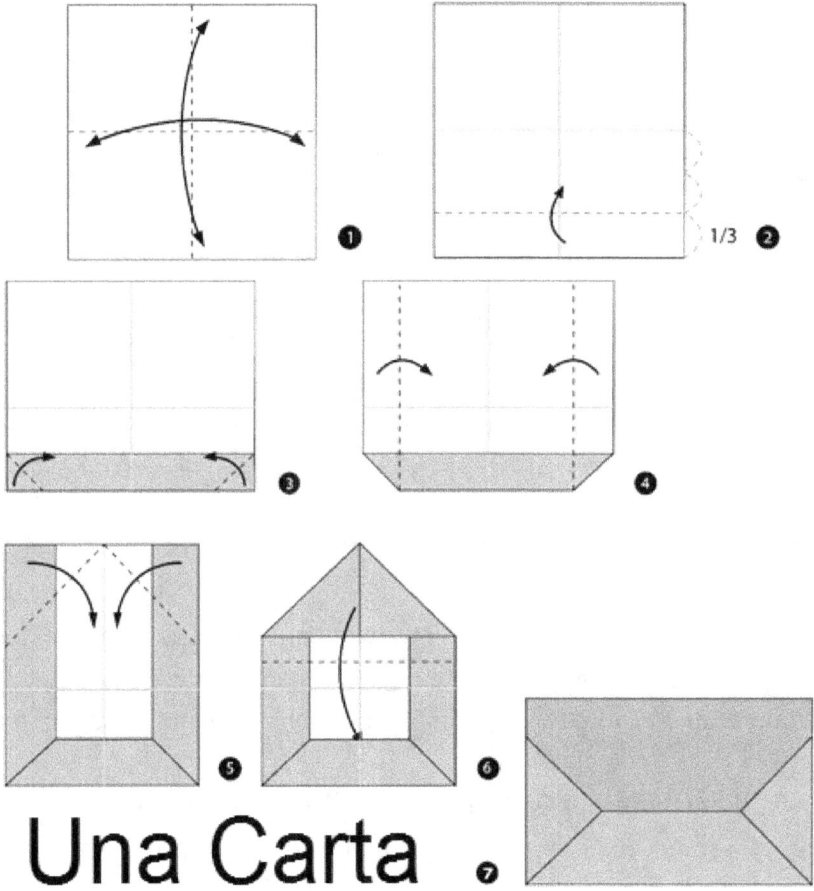

Con toda nuestra tecnología (computadoras, teléfonos celulares, correo electrónico), hemos olvidado la alegría que se obtiene al recibir una carta escrita a mano. Enviamos mensajes de texto en nuestros teléfonos, enviamos muchos correos electrónicos cada día, y quizás incluso tengamos un video chat con un miembro de la familia que está lejos. Estas son todas las grandes cosas. ¿Pero no es maravilloso saber que alguien se tomó el tiempo de sentarse, tomar un bolígrafo o un lápiz y escribirte una carta? Con este origami, podrás darle esa alegría a alguien. ¿Y adivina qué? Ni siquiera tendrá que encontrar un sobre para enviar su carta, porque, como pronto verá, ¡su carta es el sobre!

Paso 1

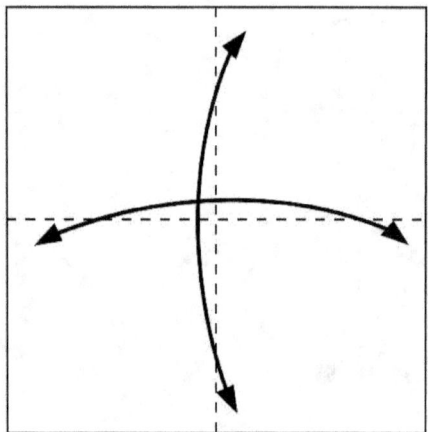

Coloque su papel sobre la mesa delante de usted. Asegúrese de que ninguna de las esquinas apunte hacia usted o esté lejos de usted. Asegúrese de que el papel se coloque tal como está en la imagen.

Ahora doble el papel a lo largo de las líneas de puntos que ve en el dibujo. Harás dos pliegues. El primero será hacia arriba y hacia abajo: tome la parte superior del cuadrado y dóblela hacia usted hasta que esté al mismo nivel que la parte inferior. Ahora vuelve a hacer lo mismo, solo que esta vez de lado a lado.

Paso 2

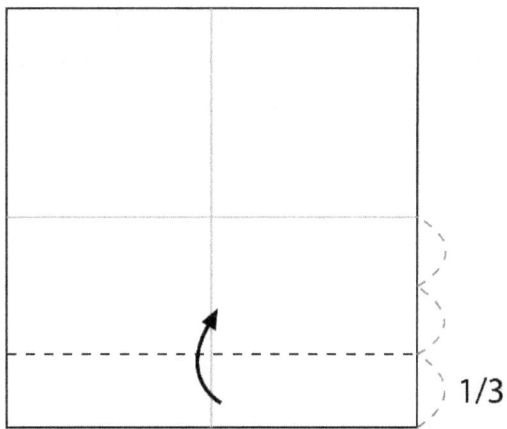

En este paso, tomarás el borde inferior del cuadrado y lo doblarás aproximadamente 1/3 del camino hacia el centro. Imagina que la mitad inferior del cuadrado se divide en tres partes: ahora dobla tu papel sobre eso. Si observa detenidamente la imagen y se pliega dónde está la línea de puntos, estará bien.

Nuevamente, debes doblar el borde inferior del cuadrado 1/3 del camino hacia el centro.

Paso 3

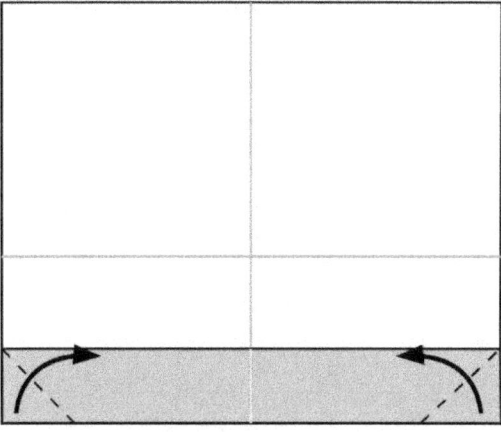

Como puede ver en la imagen, ya ha hecho el "1/3 de pliegue". Eso es genial. Ahora necesitas doblar las esquinas inferiores hacia el centro. Las líneas de puntos en el dibujo te muestran dónde doblar. Y recuerda, estos deben ser pliegues diagonales.

Paso 4

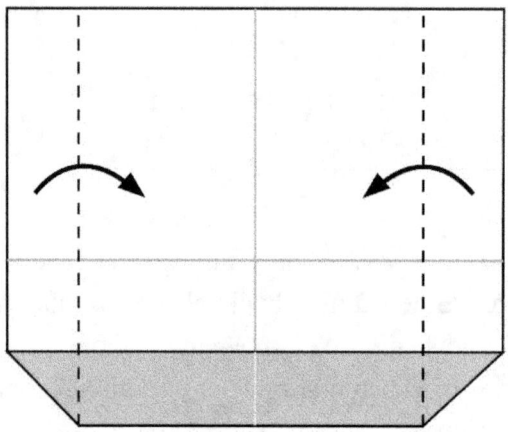

Vas a hacer dos pliegues más. Estos se moverán desde el exterior hacia adentro. No coloque los pliegues demasiado cerca de los bordes o demasiado cerca del centro. Si basa sus pliegues en las líneas de puntos del dibujo, será perfecto. Comience con el lado derecho y luego haga el izquierdo. Asegúrese de que sus pliegues sean agradables y afilados. Esos pliegues serán los lados de tu sobre.

Paso 5

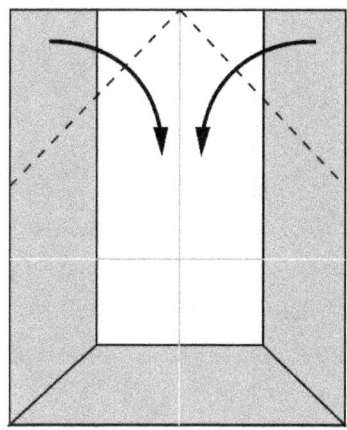

En este paso, tomarás las dos esquinas superiores y las doblarás en diagonal hacia el centro. Estudia la imagen y fíjate dónde están las líneas de puntos. Comienza con la esquina superior derecha y dóblala a lo largo de esa línea. Ahora haz lo mismo con la esquina superior izquierda. Si haces los pliegues correctamente, entonces los bordes de las dos esquinas deben estar parejos entre sí a lo largo del pliegue que se extiende hacia abajo en el centro del papel. Si necesita realizar una práctica e intentarlo de nuevo, está perfectamente bien. Tome su tiempo.

Paso 6

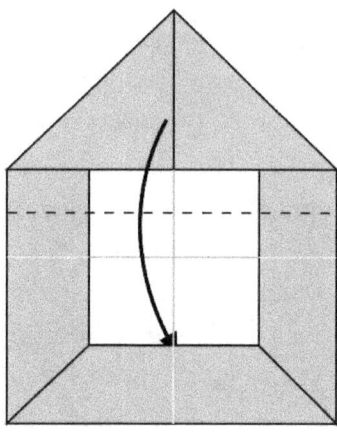

Ahora que tus pliegues son correctos y que las dos esquinas superiores se encuentran en el pliegue central del papel, doblarás el punto superior del papel. Observe dónde está la línea de puntos en la imagen. Haz tu pliegue allí.

Echemos otro vistazo a la foto. ¿Observa cómo desaparece la punta de la flecha detrás de la solapa inferior del papel? Esto se debe a que cuando se dobla y se baja el punto, debe tomar el punto y colocarlo detrás de la solapa, al igual que la punta de la flecha.

¡Listo para enviar! (Bueno, casi…)

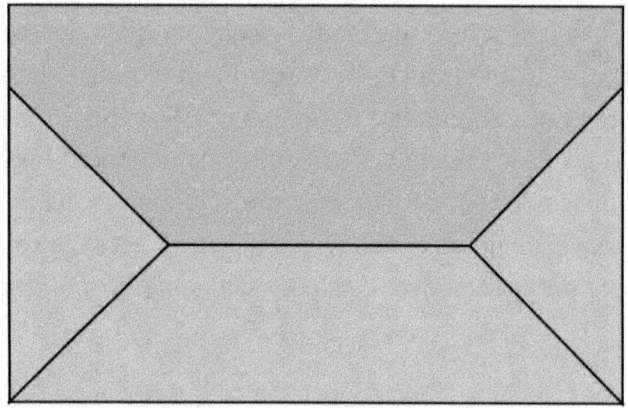

Una vez que haya colocado el punto superior detrás de la solapa inferior, habrá "sellado" el sobre y estará listo para enviarlo.

Solo hay un problema. ¡No escribiste una carta!

Esta vez fue solo práctica. Una vez que te sientas cómodo haciendo este tipo de origami, podrás tomar un pedazo de papel, escribir una carta en él y luego doblarlo como lo hiciste con este. Y a quien quiera que le escribas se alegrará de que lo hayas hecho.

Capitulo Siete: Una Cigarra

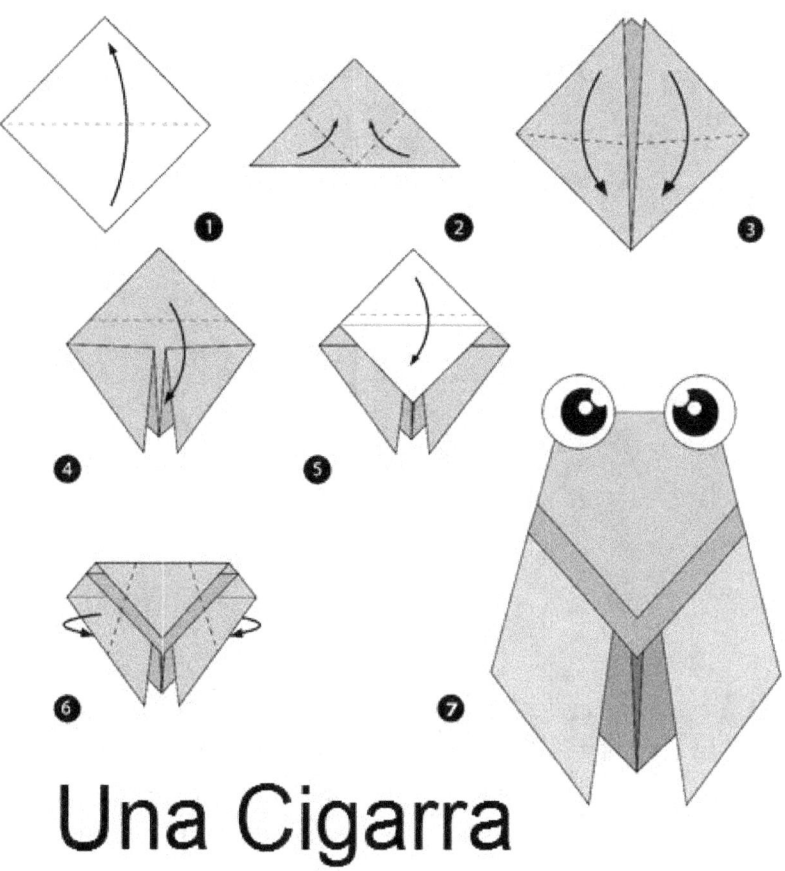

Una cigarra es un gran insecto volador que tiene un lugar especial y querido en la cultura japonesa. ¿Sabes por qué? Porque cuando empiezan a zumbar (y tienen un zumbido muy fuerte) significa que ha llegado el verano. Entonces, aunque las cigarras pueden parecer un poco extrañas, son inofensivas y traen buenas noticias: ¡El verano está aquí!

En Japón hay más de 30 tipos diferentes de cigarras, y cada una tiene su propia "canción". Aunque suena como un zumbido para la mayoría de nosotros, los sonidos de las cigarras son en realidad una forma de comunicación. A algunas personas les gusta escuchar a las cigarras y tratan de escuchar las diferentes canciones.

¡Y a algunas personas les gusta hacer un lindo origami de cigarra!

Paso 1

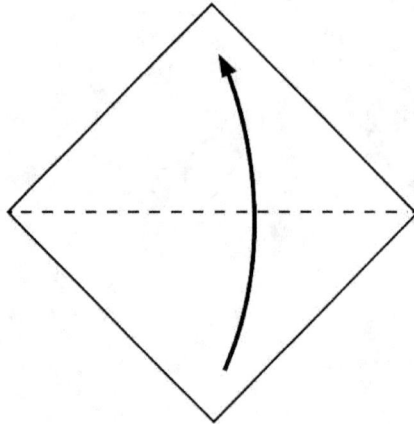

Coloque el cuadrado plano sobre la mesa como se muestra, con una esquina apuntando hacia usted y una esquina apuntando hacia el otro lado. Va a doblar el papel por la mitad al tomar la esquina inferior (la que está apuntando hacia usted) y luego levántela hacia la esquina superior (la que está apuntando hacia el otro lado). Una vez que haya hecho el pliegue, asegúrese de que quede bien firme y plegada.

Paso 2

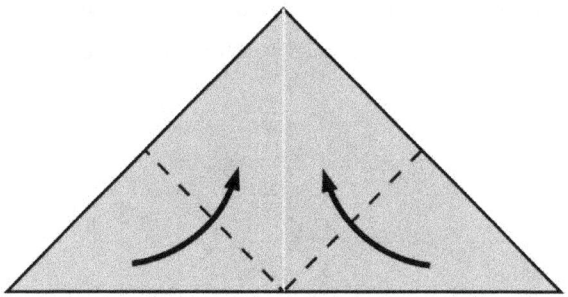

Ahora deberías tener un triángulo con una esquina apuntando lejos de ti.

Lo siguiente que vas a hacer es doblar las dos esquinas inferiores hacia la parte superior. Echa un vistazo al dibujo. Fíjate dónde están las líneas punteadas. Ahí es donde necesitas hacer tus pliegues. Comienza con la esquina derecha y dóblala de modo que su borde quede casi uniforme con el pliegue que recorre el centro del triángulo (esa es la línea gris continua). Ahora haz exactamente lo mismo con la esquina izquierda.

Paso 3

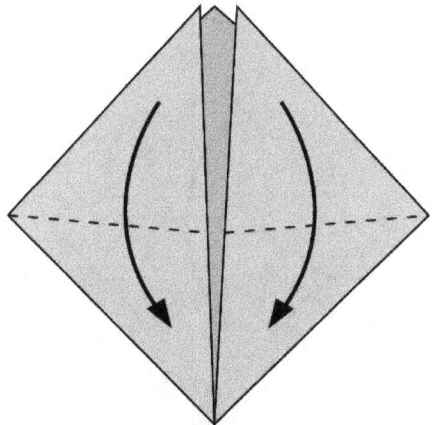

Así es como debería verse tu papel ahora.

A continuación, tomará las dos solapas superiores y las doblará a lo largo de las líneas de puntos que ve en la imagen.

Paso 4

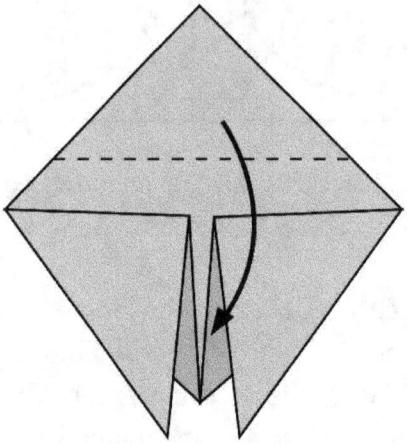

Una vez que haya plegado las dos solapas, notará que hay dos capas de papel apuntando hacia arriba. Tome la capa más cercana a usted y dóblela hacia usted, de modo que cubra partes de las dos solapas que dobló en el Paso 3. La línea de puntos del dibujo lo ayudará a saber dónde hacer el pliegue.

Paso 5

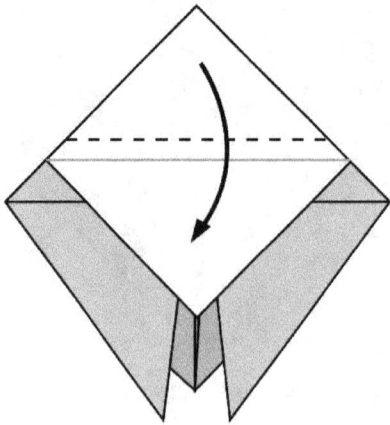

Cuando pliegues la capa más cercana a ti, verás que todavía hay una capa más. También deberá plegar esa capa, pero con una diferencia importante. Observe que la línea de puntos en el dibujo está ligeramente por encima del pliegue anterior. No cometa el error de simplemente doblar ambas capas de papel y juntarlas. Usted querrá una ligera diferencia en sus líneas de plegado, un ligero espacio entre los pliegues. Si esto es confuso, siéntase libre de mirar hacia el próximo paso y estudiar la imagen. Te dará una buena idea de dónde deberían estar los dos pliegues.

Paso 6

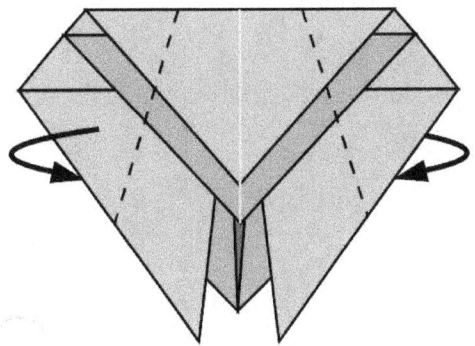

En este paso, vas a hacer dos pliegues más. Comenzando con el lado derecho de su papel, haga un doblez diagonal a lo largo de las líneas de puntos. Como puede ver en la dirección de las flechas en la imagen, deberá doblar el papel hacia atrás (detrás de la cigarra) y hacer un buen pliegue. Ahora muévete hacia el lado izquierdo de la cigarra y haz un pliegue similar allí. De nuevo, estarás doblando detrás de la cigarra y haciendo un pliegue firme.

Paso 7

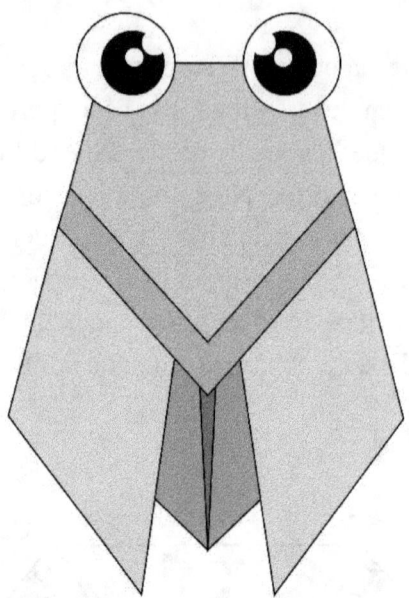

Toma dos ojos saltones de plástico y pégalos en tu cigarra como se muestra en el dibujo.

¡Ta-da!

Ahora tienes tu propia cigarra mascota. ¡Afortunadamente para ti, tu cigarra no hace mucho ruido!

Capítulo Ocho: Un Pájaro

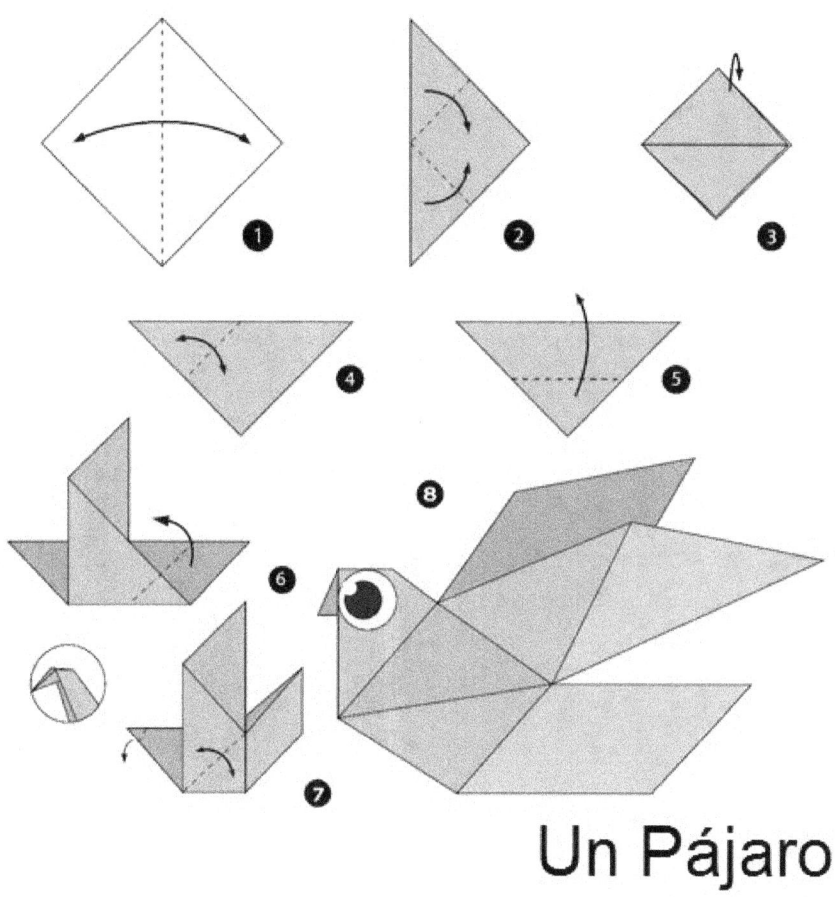

Un Pájaro

A ver: hiciste un corazón, luego hiciste una taza y una carta, y luego hiciste un insecto, ¡ahora es el momento de hacer un animal!

Los patrones animales son muy comunes en el origami, y los patrones de aves son quizás los más populares. Es muy apropiado, entonces, que tengas un ave como tu primer animal de origami. Notarás que este patrón es un poco más difícil que cualquiera de los que has hecho hasta ahora. ¡Pero estás aprendiendo rápido y puedes hacerlo!

Paso 1

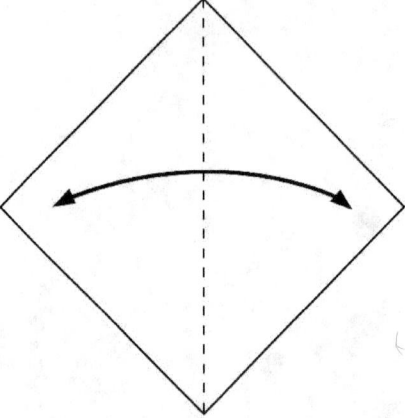

Coloque el papel plano sobre la mesa, con una esquina orientada hacia usted, luego doble el cuadrado por la mitad, justo por el centro, como se muestra en la imagen. La esquina izquierda debe estar doblada en la parte superior de la esquina derecha.

Paso 2

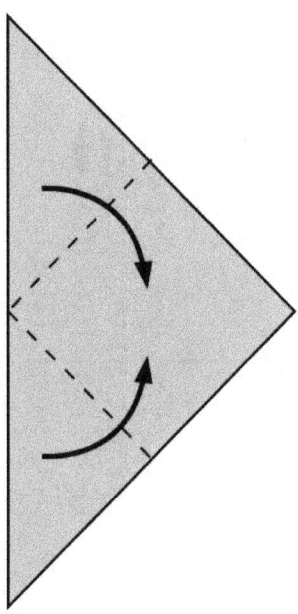

Frente a ti, el papel ahora debe ser un triángulo que apunta a la derecha.

Tome la esquina superior (la que está alejada de usted) y dóblela como se muestra en la imagen. Una vez que haga el pliegue, el punto de la esquina superior debe alinearse con el punto de la esquina a la derecha.

Ahora haga lo mismo con la esquina inferior (la esquina que está frente a usted).

Cuando haya completado este paso, tanto la esquina superior como la esquina inferior deben estar alineadas con la esquina orientada hacia la derecha.

De nuevo, esto puede parecer confuso al principio. Si no está seguro de cómo deben verse las cosas después de haber completado este paso, simplemente mire la imagen en el Paso 3. Se le mostrará.

Paso 3

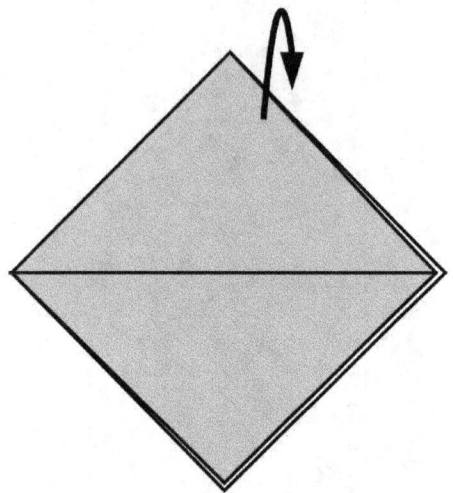

Como puede ver en la flecha de la imagen, ahora debe doblar la parte superior del papel hacia atrás. Cuando haya terminado, debe tener un triángulo con una esquina apuntando hacia usted en la mesa.

Paso 4

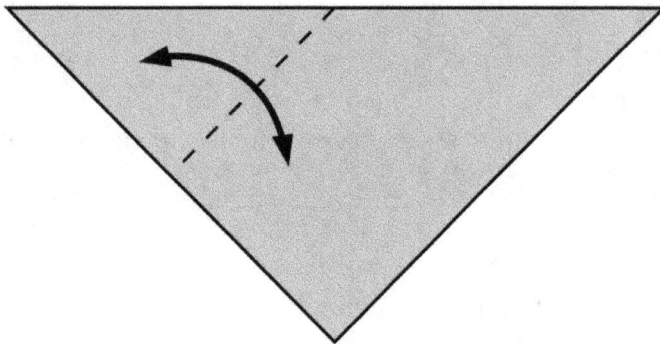

Tome la esquina izquierda y dóblela a lo largo de la línea de puntos como en la imagen.

Ahora despliégalo.

Paso 5

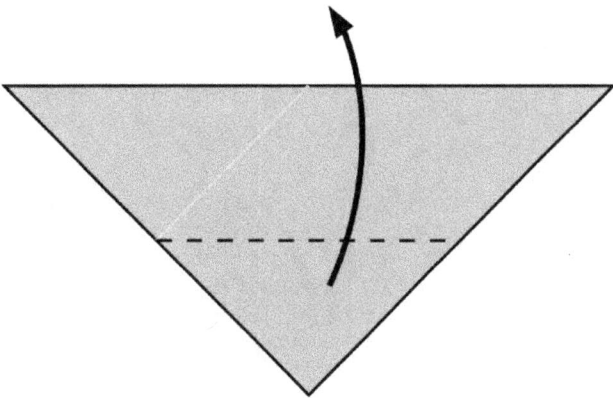

¿Ves la línea gris sólida en la imagen? ¿Recuerdas lo que significa? Eso es correcto: es el pliegue que hizo en el paso anterior. Ahora dobla la esquina inferior hacia arriba a lo largo de la línea de puntos.

Paso 6

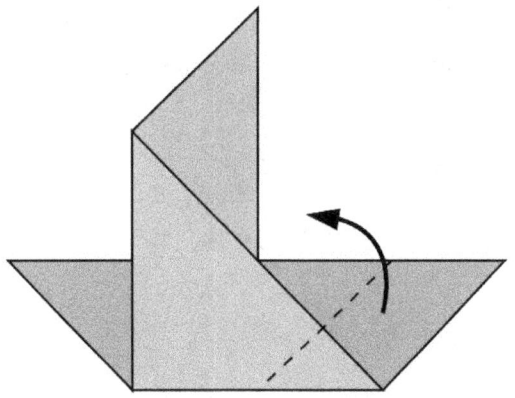

¡Vamos a crear algunas alas!

Este pliegue puede requerir un par de intentos para hacerlo bien, pero una vez que lo hagas, lo tendrás para siempre.

Abra el papel ligeramente y doble a lo largo de la línea de puntos que ve en la imagen.

Paso 7

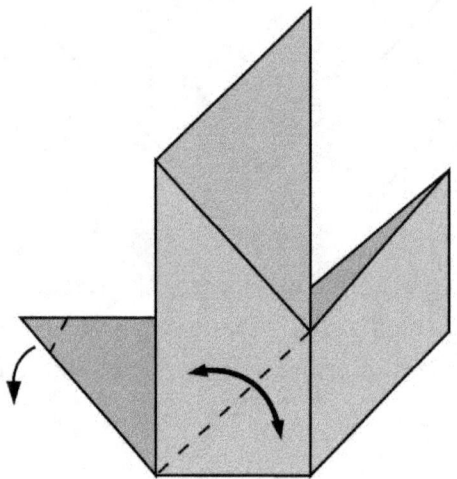

Este paso en realidad tiene dos pliegues. Para hacer el primero, mira la flecha de doble cara. Una flecha de doble cara significa que harás un pliegue en ambas direcciones a lo largo de la línea de puntos.

El segundo pliegue es mucho más simple: solo sigue la flecha de un solo lado y dobla la punta de esa pequeña esquina hacia atrás. ¡Felicidades! ¡Hiciste un pico de pájaro!

Paso 8

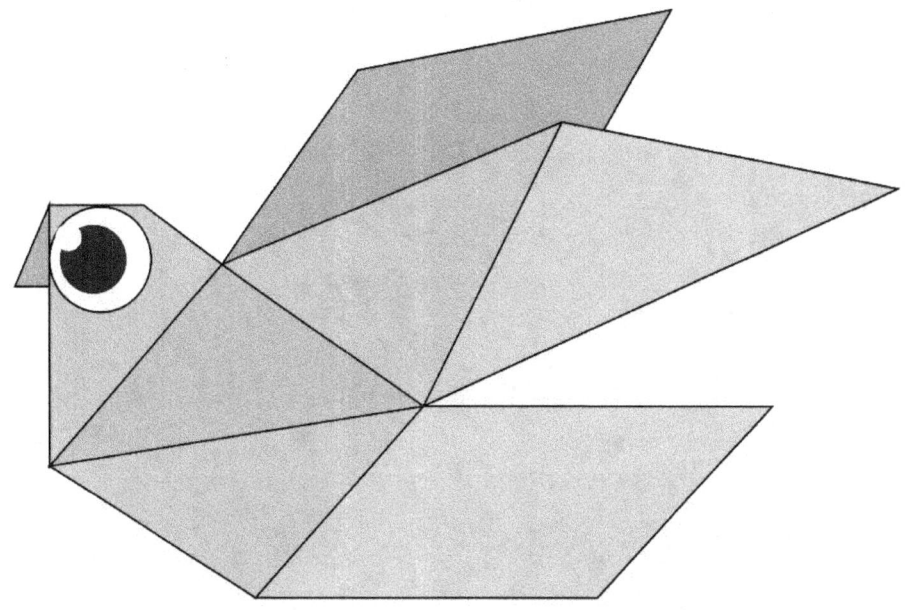

Aunque no tiene que hacer nada más, siempre es divertido agregar un ojo. Puede dibujar un ojo con un marcador mágico, o puede pegarse en un ojo saltón de la tienda de suministros para manualidades.

¡De cualquier manera, ya has terminado! ¡Gran trabajo!

Capítulo Nueve: Un Pequeño Barco

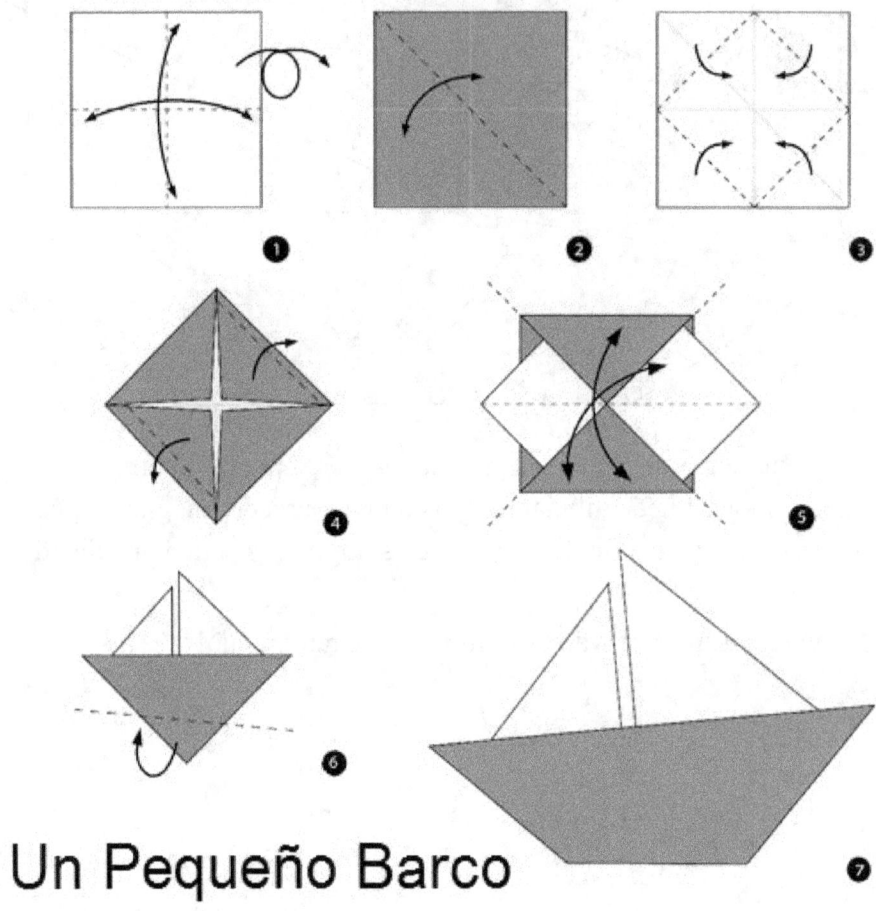

Un Pequeño Barco

Japón es una isla. Está rodeado de agua por todos lados. En los años previos a la invención de los aviones, los japoneses tenían que viajar en barco si querían visitar China, Corea o incluso los Estados Unidos. Los japoneses tienen una larga historia en la fabricación de barcos, por lo que los barcos son figuras de origami muy populares.

Aunque un barco grande hecho de papel probablemente no lograría navegar a través del océano, un barco de origami hecho de papel podría cruzar una bañera o un fregadero lleno de agua.

Este patrón no es demasiado difícil, pero todavía ofrece la oportunidad de aprender algunos nuevos pliegues. Aquí vamos....

Paso 1

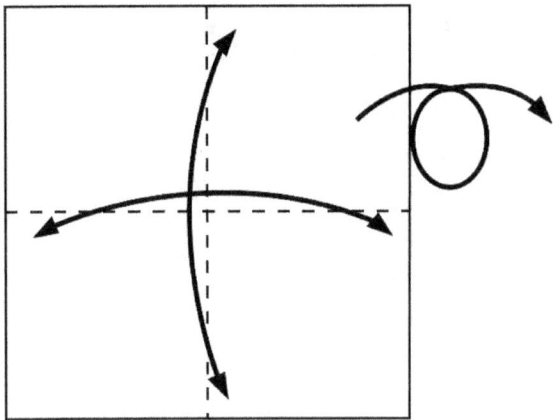

Notarás que esta vez no hay esquinas frente a frente (o frente a ti). Coloque el cuadrado plano como se muestra, luego dóblelo por la mitad de izquierda a derecha y arriba y abajo.

¿Recuerdas el símbolo de flecha en bucle? Eso significa que necesitas voltear el cuadrado y hacer los mismos dos pliegues en el otro lado del papel.

Paso 2

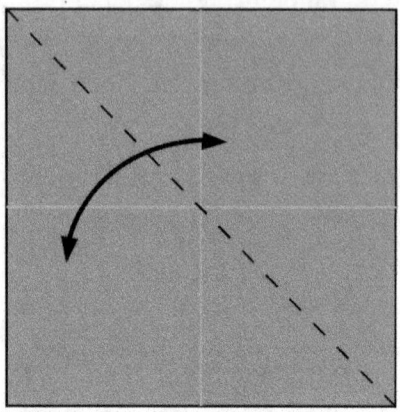

Con el papel ahora boca abajo sobre la mesa, dóblalo por la mitad en diagonal como se muestra en la imagen, luego despliégalo.

Paso 3

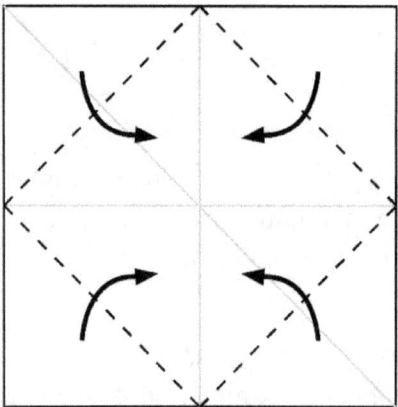

Este paso tiene cuatro pliegues, así que mira la imagen con cuidado.

No te asustes, es mucho más simple de lo que parece. Note las líneas grises sólidas. En este punto, debe tener tres pliegues en su papel: arriba y abajo, de lado a lado y en diagonal.

Lo primero que harás es voltear el papel nuevamente y devolverlo a su posición original.

Lo siguiente que vas a hacer es tomar cada esquina y doblarla como se muestra, de modo que cada esquina toque el centro de la plaza.

Son muchos pliegues en un solo paso, por lo que, si esto te confunde de alguna manera, no dudes en mirar la imagen del Paso 4; debería estar todo claro.

Paso 4

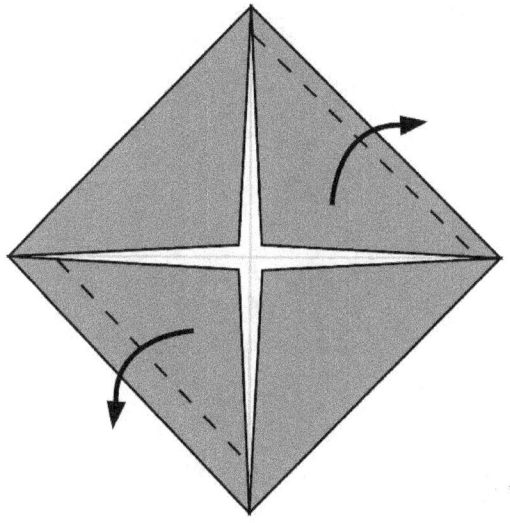

Fíjate bien en las líneas punteadas de la imagen. Notarás que son un poco diferentes entre sí. La que está en la parte superior está más cerca del lado que el que está en la parte inferior. Esto será importante más adelante, así que asegúrese de notarlo ahora y haga sus pliegues correctamente.

Empecemos por la esquina superior derecha. Tome la esquina y dóblela desde el centro en la dirección de la flecha. Asegúrese de que el pliegue esté cerca de su lado, como se muestra en la imagen.

Ahora vamos a la esquina inferior izquierda. Tome esa esquina y dóblela desde el centro en la dirección de la flecha. Asegúrese de que este pliegue esté un poco más alejado de su lado, como se muestra en la imagen. Esto será importante en un momento.

Paso 5

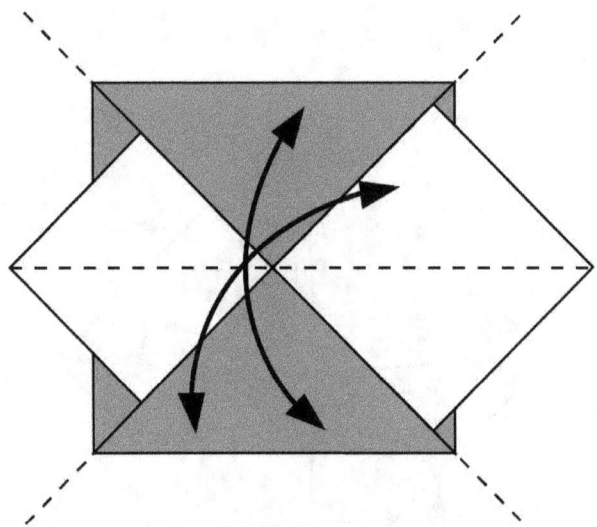

En este paso doblará el cuadrado por la mitad de tres maneras.

El primer pliegue será hacia arriba y hacia abajo, como lo muestran las líneas de puntos. El segundo pliegue y el tercer pliegue, también mostrados por las líneas de puntos, serán diagonales. Tome la esquina inferior izquierda y dóblela hasta la esquina superior derecha. Para el tercer pliegue, siga nuevamente las líneas de puntos y doble la esquina inferior derecha hasta la esquina superior izquierda.

Paso 6

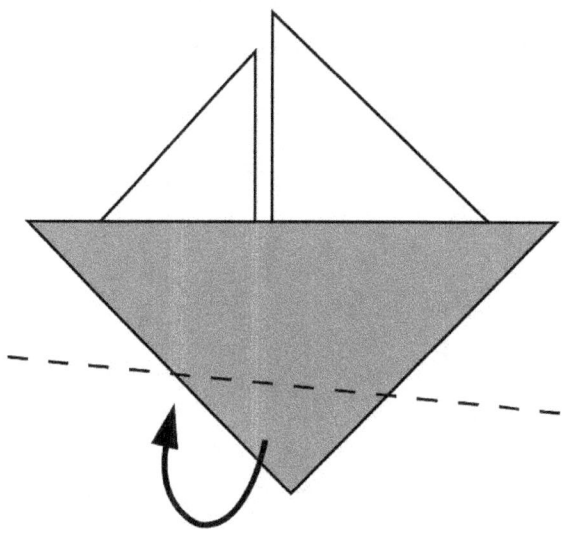

Ahora solo tienes un pliegue más.

Tome el punto inferior (que está frente a usted) y dóblelo detrás del bote. Asegúrese de hacer el pliegue con un ligero ángulo como se muestra en la imagen. Aunque no tiene que hacerlo en ángulo, el barco se ve más lindo y de alguna manera más realista. Bravo ¡Lo hiciste!

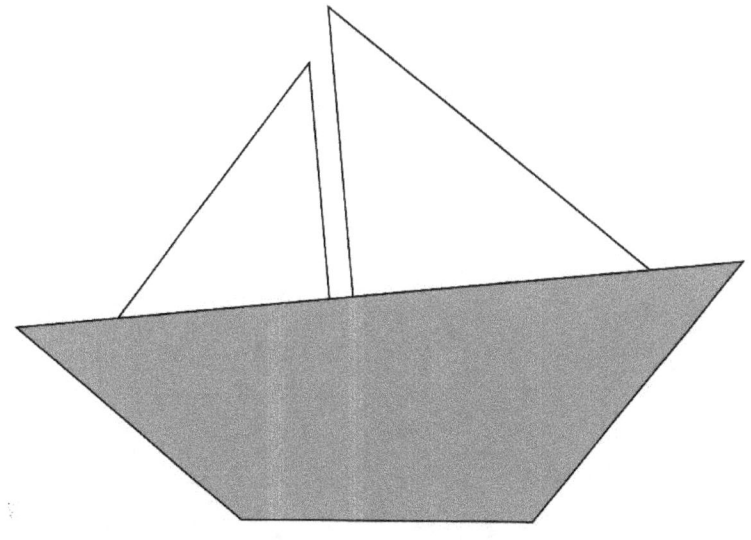

Este pequeño bote puede sentarse con orgullo en tu escritorio o, si eres aventurero, puede flotar en tu bañera o lavabo.

¡Buen trabajo!

Capítulo Diez: Un Pez Cabeza

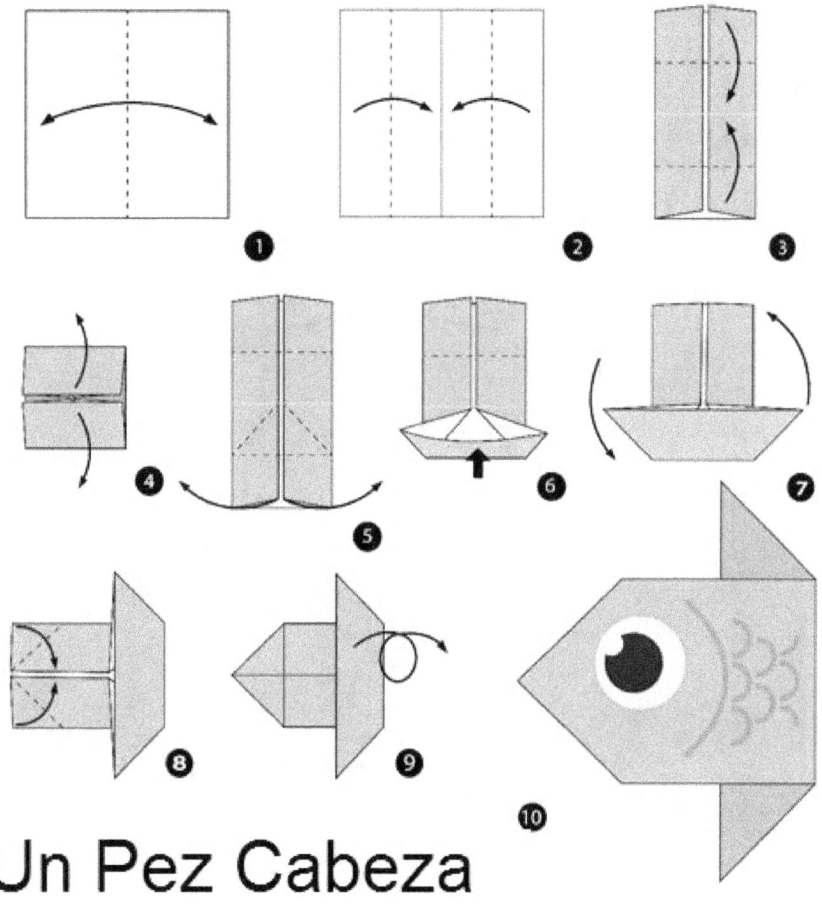

Un Pez Cabeza

Bueno, ahora que tienes un barco, ¡es hora de ir a pescar!

Los mares que rodean Japón están llenos de peces, y los japoneses tienen un gran amor por la pesca y por comer mariscos. Un pez cabeza es una criatura inusual que recibe su nombre por su forma extraña: su cuerpo parece ser principalmente la cabeza. En realidad, son un tipo de pez luna y se consideran en Japón un verdadero placer.

Por suerte para nosotros, la extraña forma del pez cabeza lo convierte en un origami fácil de aprender. Además, te permitirá usar tus marcadores mágicos y tus ojos de plástico.

Paso 1

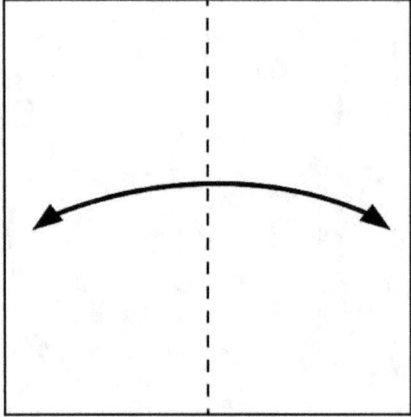

Coloque el papel plano sobre la mesa como en la imagen. Dobla por la mitad.

Paso 2

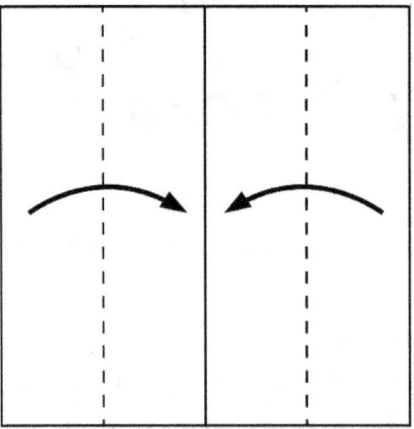

Despliegue el papel y alise de nuevo en la mesa. Ahora vas a hacer dos nuevos pliegues, uno desde el lado derecho y otro desde el lado izquierdo. Básicamente, vas a doblar cada mitad por la mitad. ¿Lo tienes? Solo recuerda doblar cada lado hacia el pliegue central.

Paso 3

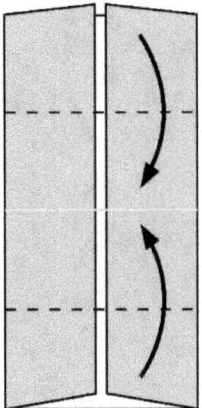

Volverás a hacer dos pliegues en este paso. Comenzando en la parte inferior, doble la mitad inferior del papel hacia arriba, hasta que la parte inferior alcance el centro. ¿Ves esa línea blanca continua en el centro de la imagen? Ese es el medio imaginario del papel. Lleve la parte inferior de su papel hacia arriba y compárelo con eso.

Ahora haz lo mismo, solo que esta vez desde la parte superior.

Paso 4

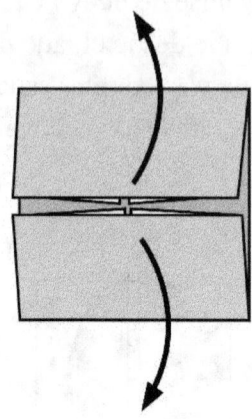

Este paso es muy simple: solamente despliegue la parte superior e inferior para que el papel se vea como lo hizo al inicio del Paso 3.

Paso 5

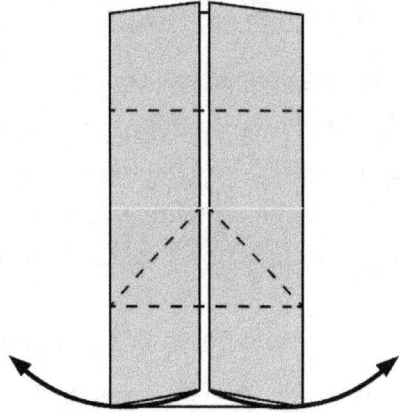

Haz pliegues a lo largo de las líneas de puntos diagonales, como ves en la imagen.

Paso 6

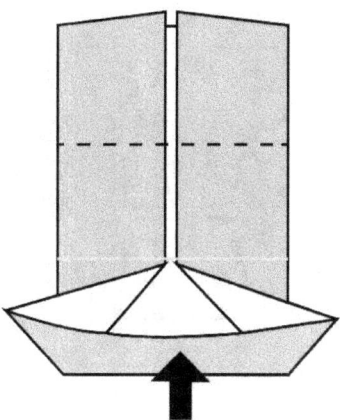

El siguiente movimiento parece un poco difícil, pero una vez que comiences a hacerlo, verás que en realidad es muy fácil. Simplemente jale la parte inferior hacia abajo y hacia afuera, luego dóblela hacia arriba, presionando contra las arrugas diagonales que acaba de hacer en el Paso 5.

Paso 7

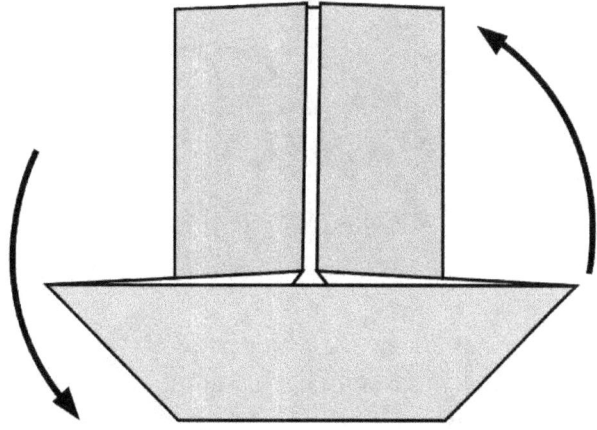

Así es como debería verse tu papel ahora. Lo siguiente que debes hacer es girarlo de lado a la izquierda.

Paso 8

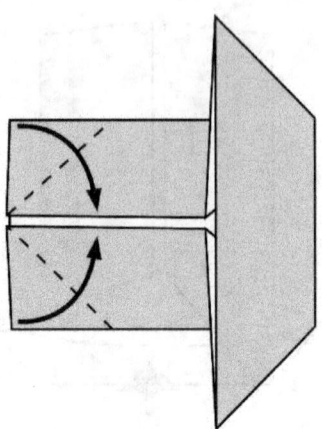

Ahora haz un pliegue a lo largo de las líneas diagonales punteadas, como ves en la imagen. Solo asegúrate de doblar el papel hacia ti.

Paso 9

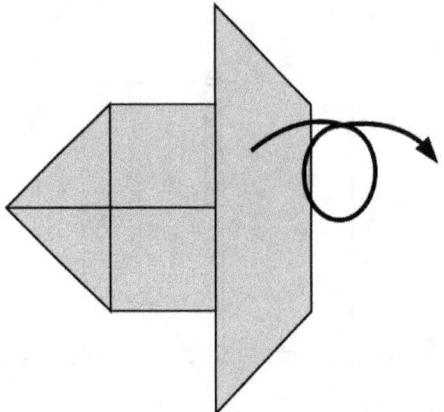

Así es como debería verse tu papel ahora. ¿Ves la flecha de bucle? Eso significa voltear el papel.

Paso 10

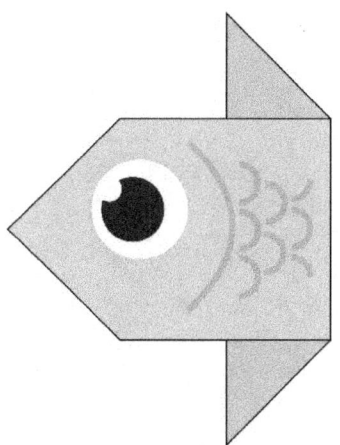

Ya casi ...

Agarra un marcador mágico y dibuja algunas escamas. Luego toma uno de los ojos saltones de plástico que obtuviste en la tienda de manualidades y pégalo en tu pez cabeza.

¡Ya has terminado!

Capítulo Once: Un Pavo Real

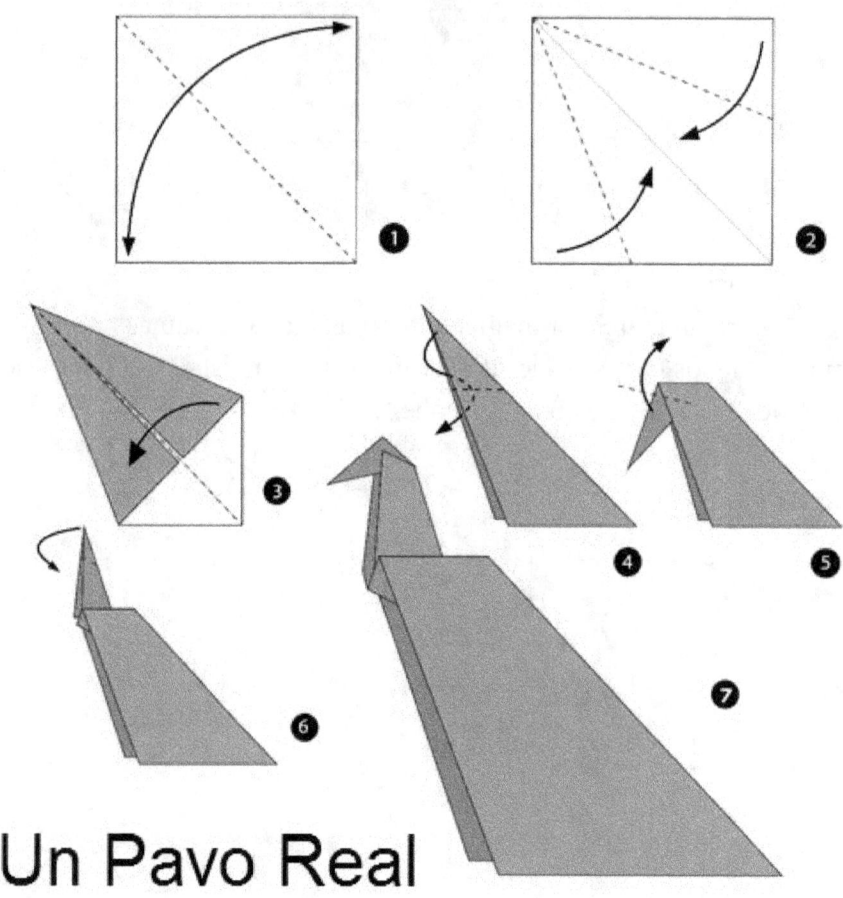

De vuelta en el capítulo seis hiciste un pájaro. ¿Qué tipo de ave era? Cualquier tipo de ave que quisieras que fuera.

Esta vez, sin embargo, vas a hacer un tipo específico de ave. Esta vez, vas a hacer un pavo real.

El pavo real es un símbolo de compasión y bondad, y se cree que tiene el poder de vencer el veneno e incluso hacer que llueva. En la cultura japonesa, se asocia con la buena salud. El pavo real es un buen símbolo y un buen origami para hacer.

Paso 1

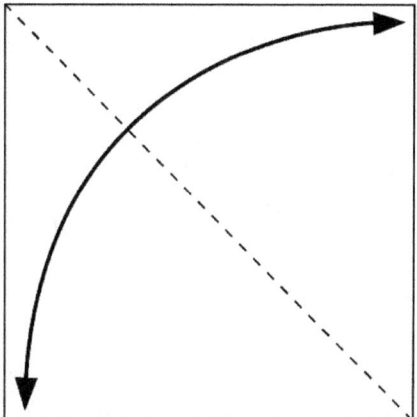

Coloque el cuadrado plano sobre la mesa como se muestra y dóblelo por la mitad en diagonal. Lleve la esquina inferior izquierda hasta la esquina superior derecha, haga un pliegue y luego despliegue el papel.

Paso 2

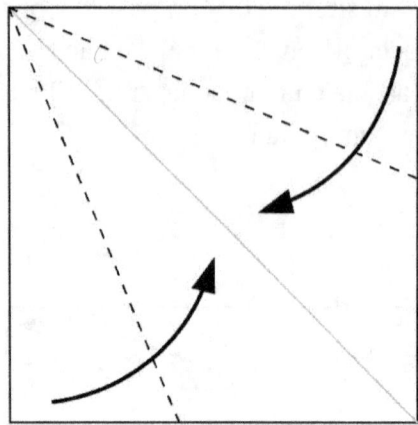

El siguiente pliegue será familiar para cualquiera que haya hecho un avión de papel. Dobla la esquina superior derecha hacia abajo a lo largo de la línea de puntos, de modo que la parte superior del cuadrado quede nivelada con el pliegue central.

Ahora haz lo mismo con la esquina inferior izquierda.

Paso 3

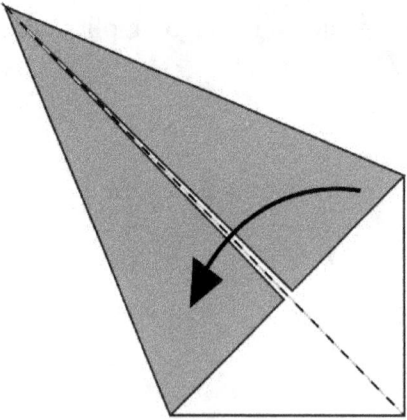

Ahora dobla la figura por la mitad, como se muestra. Parece que estás a punto de hacer un avión de papel, pero no lo es.

Paso 4

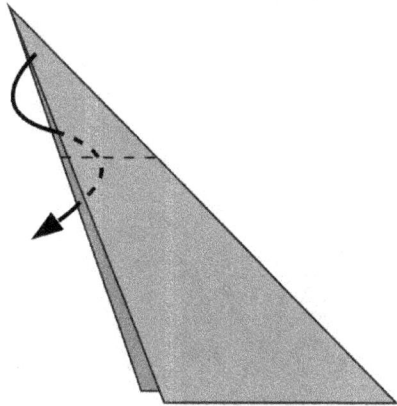

Este próximo movimiento es un poco limpio. Dobla el papel cerca de la parte superior, como lo muestran las líneas de puntos. Dobla el papel en ambos sentidos.

Entonces, aquí viene la parte clara: vas a tomar ese punto superior y seguir la flecha hacia abajo. En otras palabras, va a "voltear el papel del revés", para que la figura se vea como la imagen en el **Paso 5** a continuación.

Paso 5

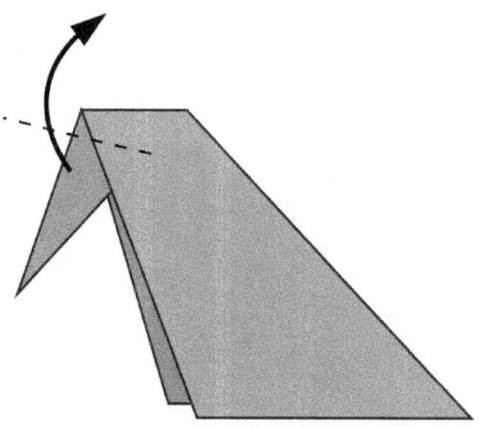

Ahora invierta lo que acaba de hacer y recupere el punto, pero haga un pliegue a lo largo de las líneas de puntos a medida que lo haga.

Paso 6

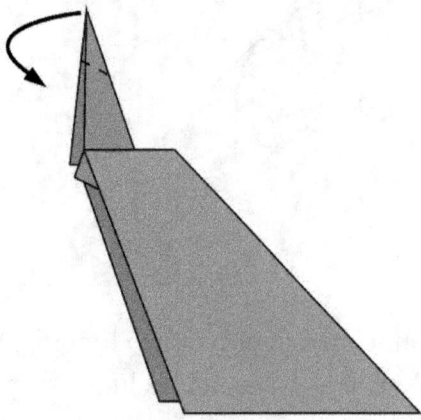

Lo único que te queda por hacer ahora es hacer el pico. Para ello, doble las líneas de puntos y luego presione el papel dentro de la figura y aplaste a lo largo de las arrugas que ya ha hecho. Por cierto, este tipo de pliegue de origami se denomina pliegue inverso interno.

¡Éxito!

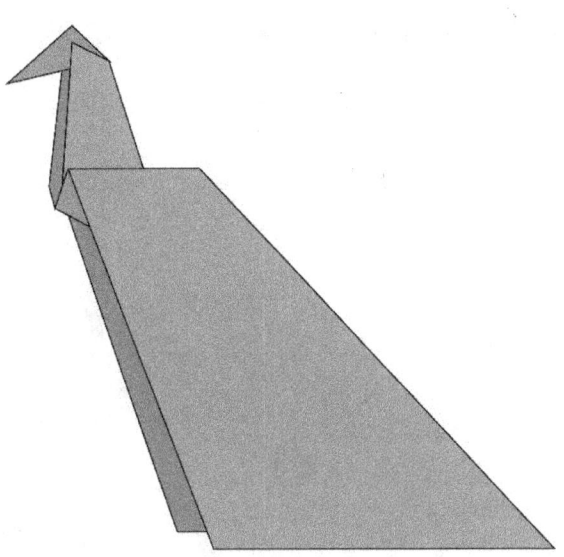

Has completado tu segundo pájaro, este es un majestuoso pavo real. ¡Felicidades!

Capítulo Doce: Una Cara De Zorro

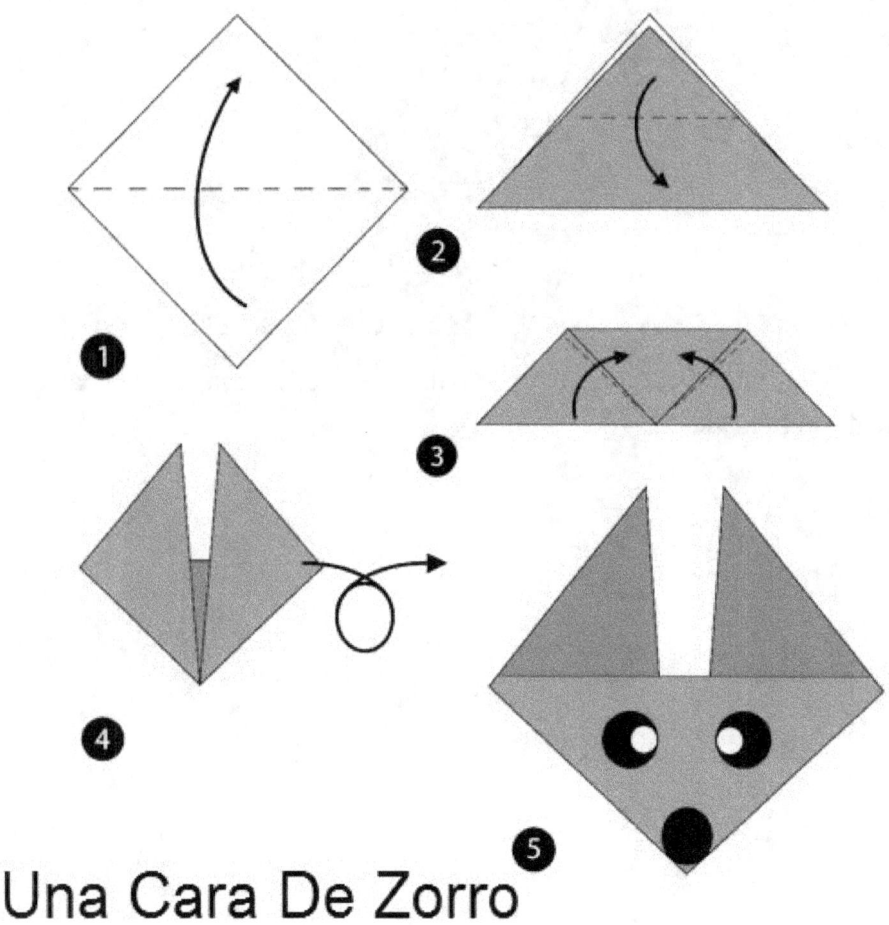

Una Cara De Zorro

¿Qué dices si nos tomamos un pequeño descanso y nos relajamos?

Ese último patrón fue un poco complejo, así que tal vez te gustaría recuperar el aliento y disfrutar de uno más sencillo.

Además, este patrón te dará una excusa para usar más ojos saltones.

Pero primero, ¿sabías que la palabra japonesa para zorro es kitsune? Aquí está:

En el antiguo Japón, los zorros y los humanos vivían juntos, y esta cercanía generaba leyendas sobre las criaturas. Los zorros eran vistos como seres sobrenaturales y se creía que eran los mensajeros de espíritus y dioses. En muchos cuentos populares japoneses, los zorros tienen la capacidad de convertirse en humanos, a veces para engañar a los humanos, y veces para ayudarlos.

Ahora que sabes un poco sobre el kitsune o zorro, ¡es hora de hacer uno!

Paso 1

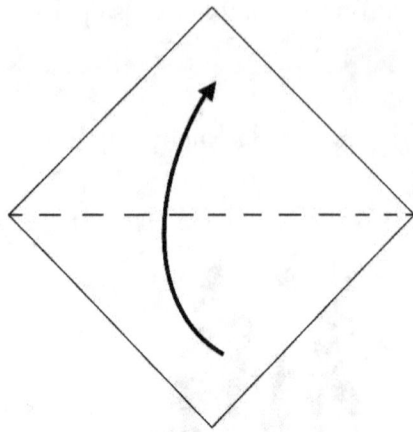

Coloque el papel de modo que una de las esquinas esté mirando hacia afuera. Dobla por la mitad a lo largo de la línea de puntos.

Paso 2

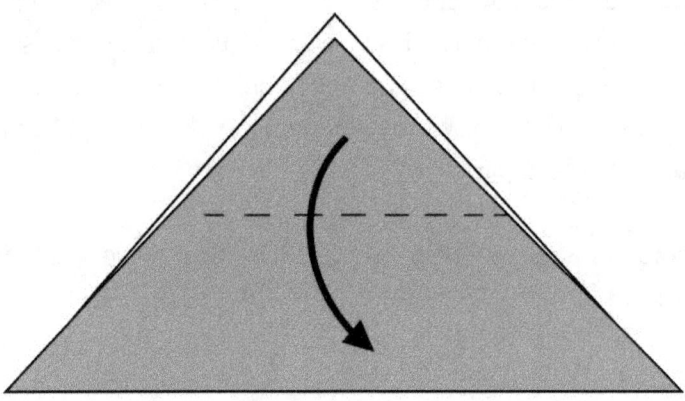

Tome las dos esquinas que apuntan hacia arriba y dóblelas (ambas, no solo una) hacia usted. Los puntos deben tocar la parte inferior del papel, como se muestra en el **Paso 3**.

Paso 3

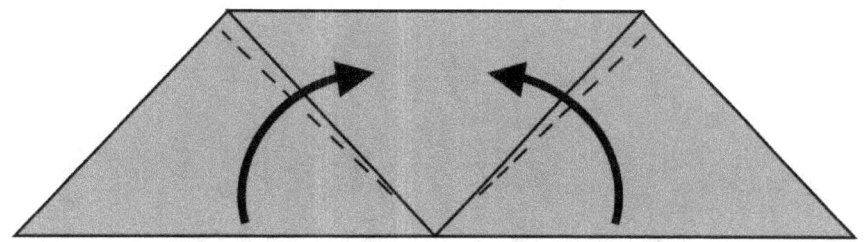

Ahora vas a hacer unas orejas de zorro.
Toma cada una de las esquinas y dóblalas hacia arriba, siguiendo las flechas.

Paso 4

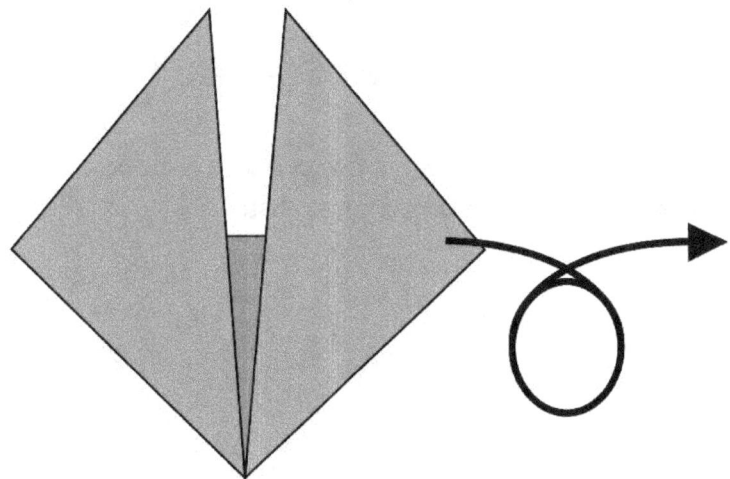

¿Estás empezando a verlo?
Sabes lo que significa esa flecha en bucle.
Da la vuelta a todo el asunto.

Paso 5

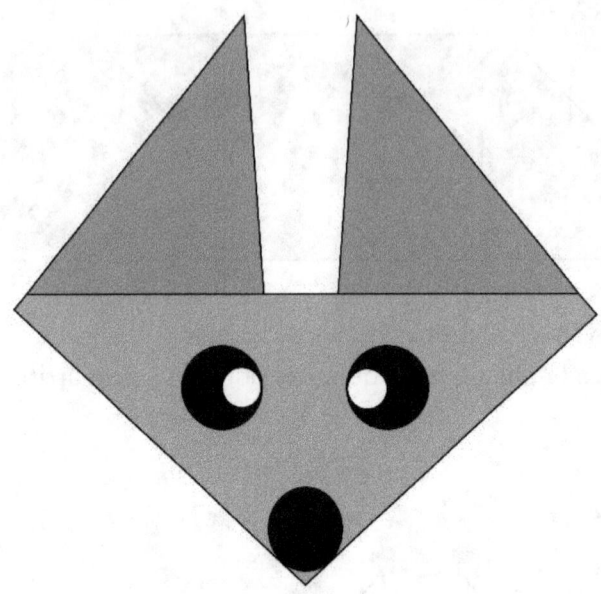

¡Es hora de poner los ojos saltones!

Toma tu marcador mágico y dibuja una pequeña nariz redonda para tu zorro. Luego, pégale unos ojos saltones y listo.

Capítulo Trece: Un Gato

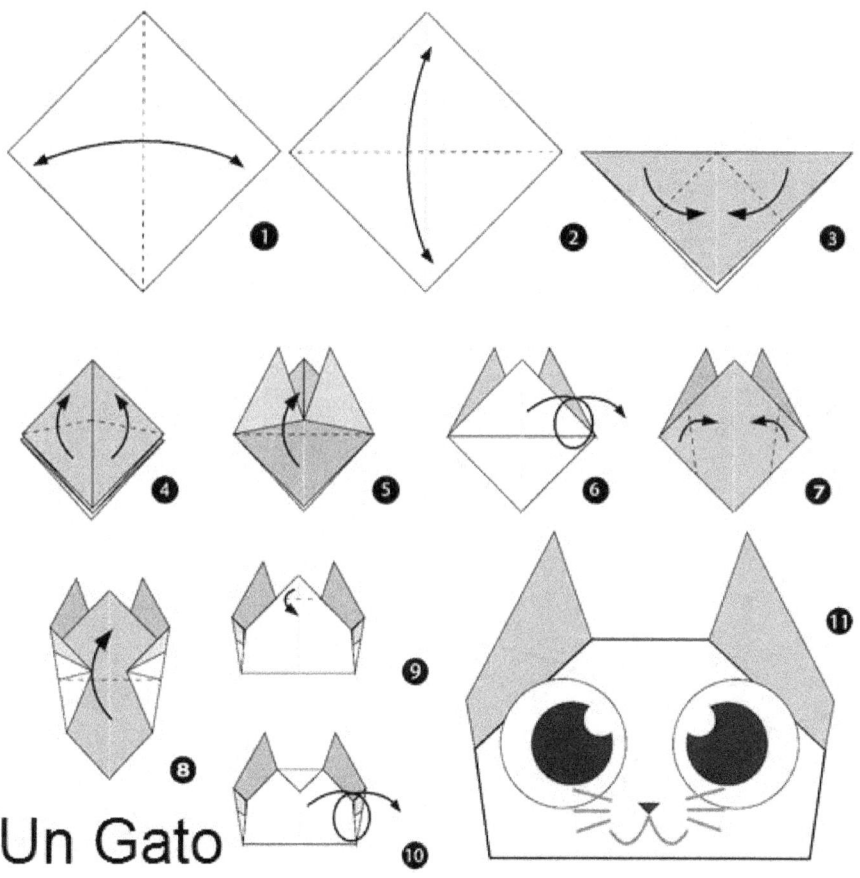

¿Alguna vez has visto a alguien que tenga un pez cabeza como mascota? Yo tampoco. Pero probablemente hayas visto muchas personas con gatos como mascotas. Los gatos se encuentran entre los animales más populares del planeta, por lo que es apropiado que sean populares entre los artistas de origami.

En Japón, se cree que los gatos traen buena suerte y otros resultados positivos. Hay una popular figura de gato japonés llamada "gato llamador" que a menudo se da como un regalo para traer bendiciones. La estatuilla generalmente tiene un gato con su pata levantada, como si saludara o llamara. Según la leyenda japonesa, un propietario fue testigo de un gato agitando una pata hacia él. Intrigado, se acercó al gato. De repente, un rayo golpeó el lugar exacto donde había estado parado anteriormente. El propietario creía que su buena fortuna se debía a las acciones del gato. Desde entonces, el gato ha sido un símbolo de buena suerte. Estas pequeñas figuras se encuentran principalmente en las entradas de tiendas, restaurantes y otros negocios.

Este patrón será un poco desafiante, así que presta mucha atención a las imágenes.

Paso 1

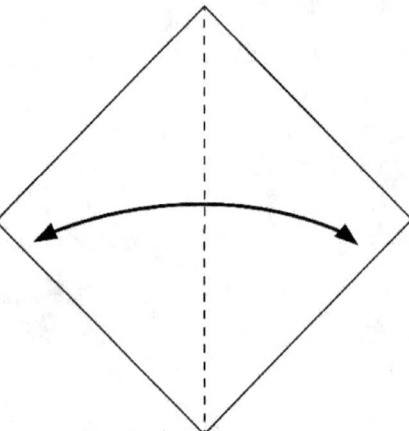

Empieza colocando el papel plano sobre la mesa con una esquina orientada hacia ti. Haz un pliegue en la mitad del papel , de lado a lado.

Paso 2

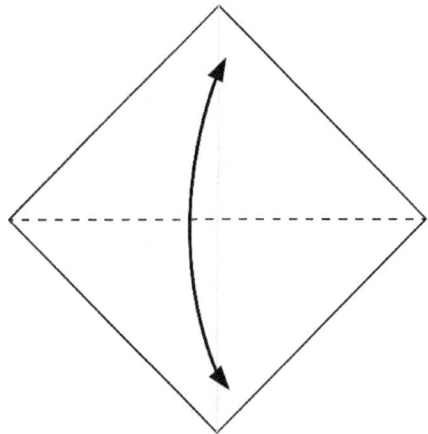

Ahora dobla el cuadrado de nuevo, esta vez arriba y abajo. Traiga la esquina superior y colóquela sobre la esquina inferior, de modo que tenga un triángulo con un punto orientado hacia usted.

Paso 3

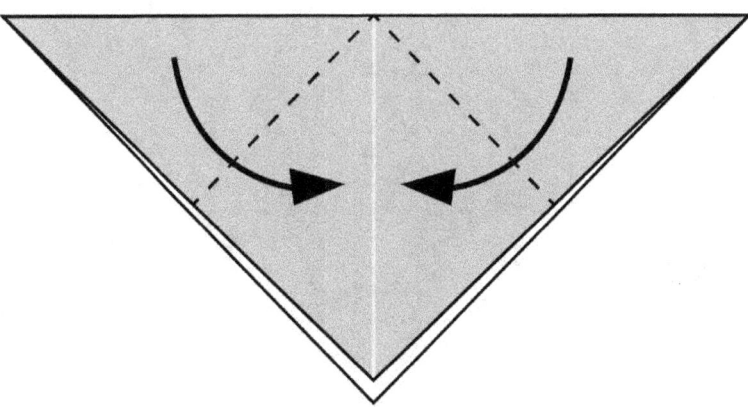

Ahora haga pliegues a lo largo de las líneas de puntos diagonales en la imagen. Recuerda siempre doblar tus pliegues en la dirección de las flechas.

Paso 4

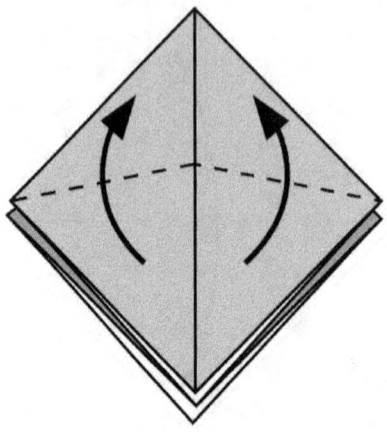

Deberías tener dos pequeñas aletas apuntando hacia ti ahora. Están en la parte superior. Tire de las dos solapas hacia arriba y dóblelas a lo largo de las líneas de puntos para que apunten hacia usted.

Paso 5

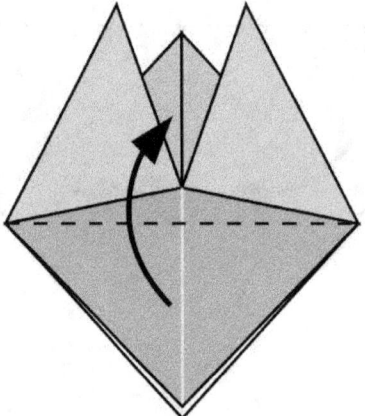

Cuando doblas esas dos solapas más pequeñas hacia arriba, revelas una solapa más grande que apunta hacia ti. Dobla la solapa hacia arriba y cúbrela a lo largo de la línea de puntos.

Paso 6

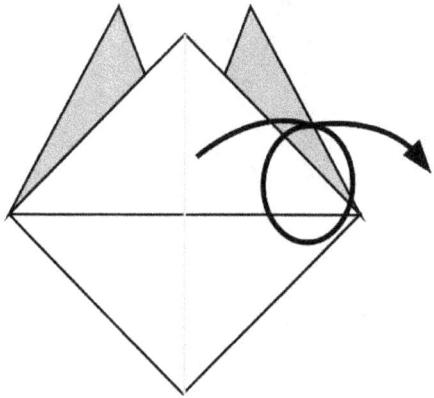

Este es el aspecto que debería tener tu papel en este punto. Ahora toma todo el patrón y dale la vuelta.

Paso 7

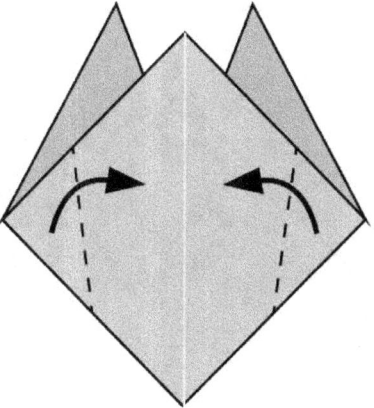

Tome cada lado y doble los puntos hacia adentro, hacia el pliegue central (la línea gris continua que ve en la imagen). Pero asegúrate de que los puntos no toquen realmente el pliegue central. Mire el dibujo en el **Paso 8** si no está seguro de cómo plegar sus puntos.

Paso 8

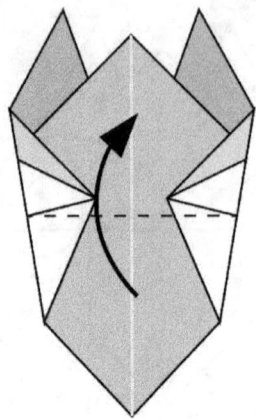

Ahora vas a doblar todo el patrón por la mitad. Tome la esquina inferior (que apunta hacia usted) y dóblela hacia arriba de manera que quede nivelada con la esquina superior (que está alejada de usted).

Paso 9

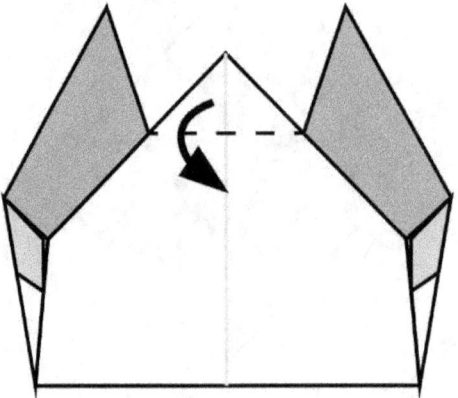

Tome el punto posterior y dóblelo hacia abajo (hacia usted) a lo largo de la línea de puntos que ve en el dibujo.

Paso 10

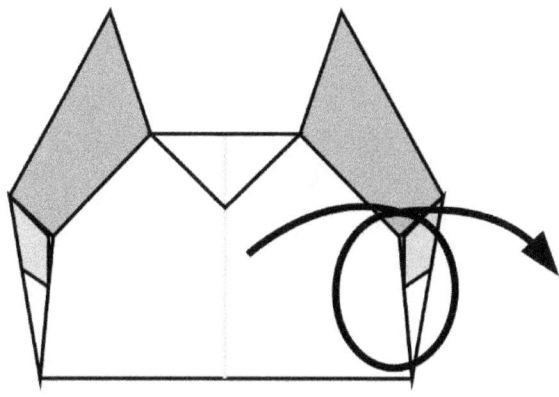

Ahora voltea todo el patrón.

Paso 11

Toma un marcador mágico negro o marrón y dibuja unos bigotes en la cara de tu gato. Recuerda que las narices de los gatos tienen forma de triángulos al revés. Cuando tome su marcador y dibuje una nariz para su gato, haga que se vea como el de la imagen de arriba.

Luego toma dos ojos saltones de plástico y pégalos en el papel.

¡Muy buen trabajo! ¡Te has hecho un lindo gato de origami!

Capítulo Catorce: Un Tulipán

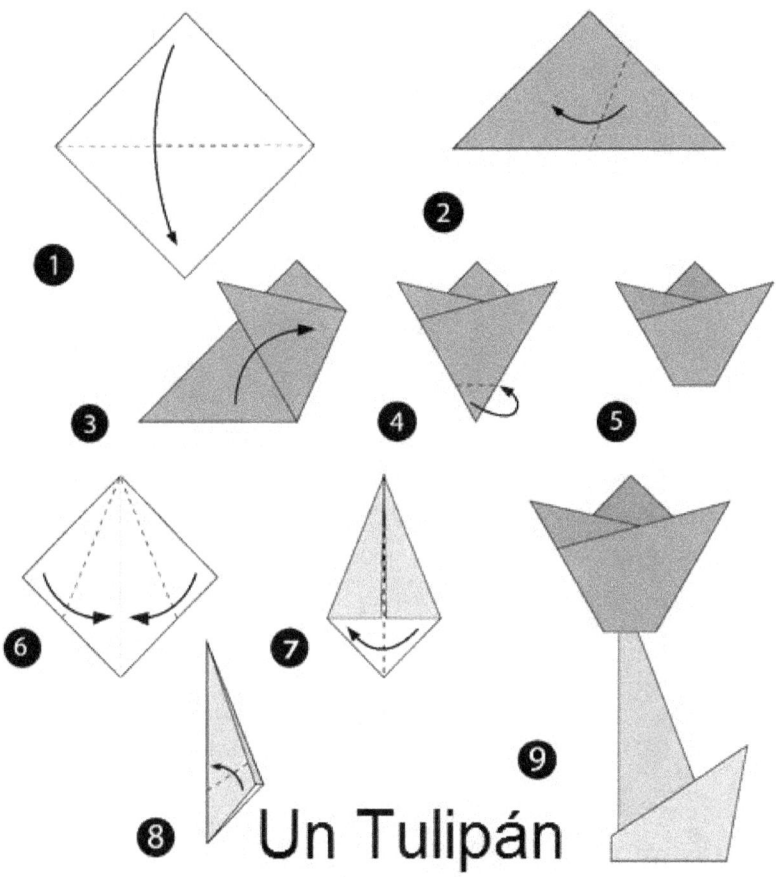

En Japón, los tulipanes florecen a finales de abril y principios de mayo, y hacen que la primavera sea brillante y colorida. Son flores muy populares en Japón. De hecho, en Tokio (que, si recuerdas del Capítulo 1, solía llamarse Edo), hay un gran festival de tulipanes cada año que atrae a miles de personas.

Este es un patrón simple, pero requiere algo nuevo: una segunda hoja de papel.

Paso 1

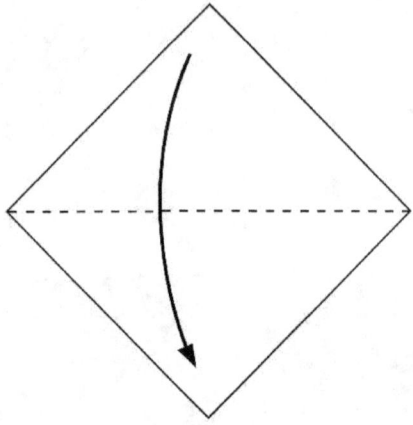

Coloca el papel de manera que una de las esquinas quede hacia afuera. Dobla el papel por la mitad, llevando la parte inferior a la parte superior.

Paso 2

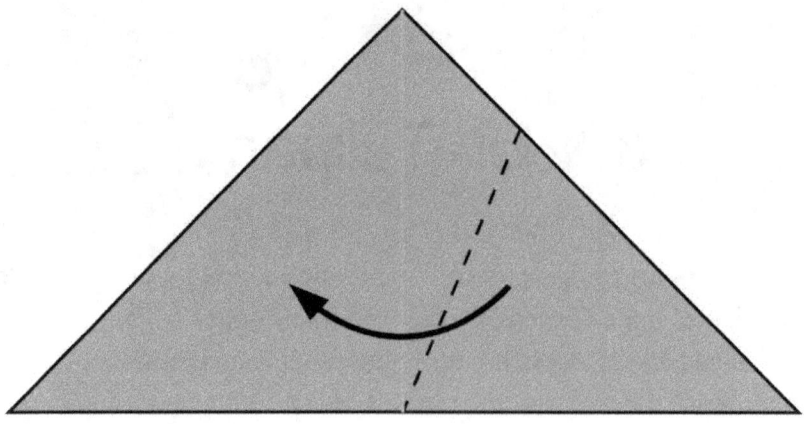

Haz un pliegue a lo largo de la línea de puntos que se muestra en el dibujo de arriba. Esto es similar al pliegue que hiciste anteriormente con la copa.

Paso 3

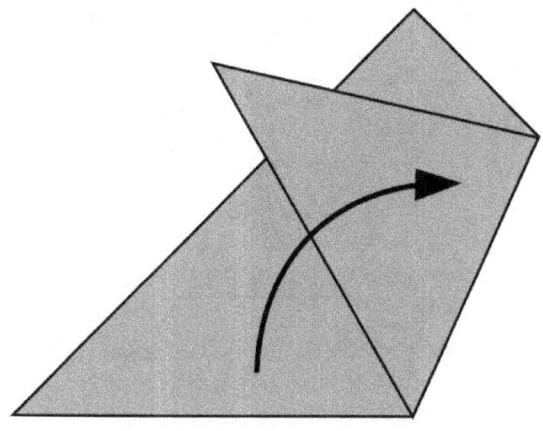

Una vez que haya doblado la esquina derecha, haga lo mismo con la esquina izquierda, doblando en la dirección de la flecha.

Paso 4

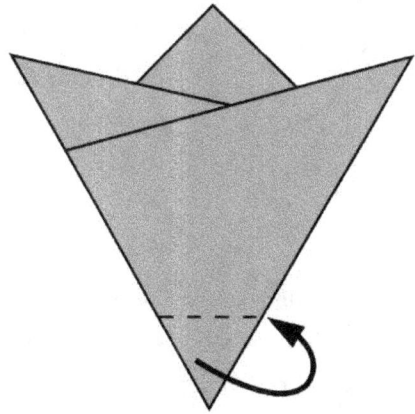

Toma el punto que tienes frente a ti y dóblalo hacia detrás de la flor.

Paso 5

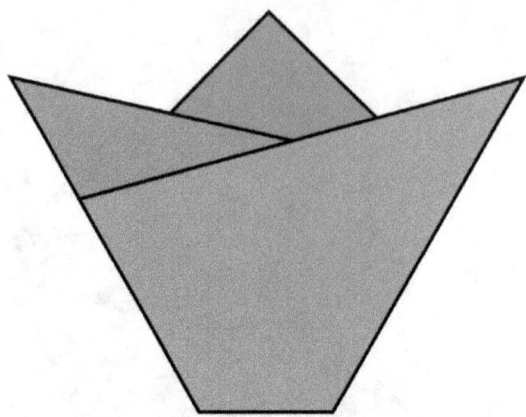

¡Tú flor está terminada! Bueno, no del todo. ¡No tiene un tallo!

Paso 6

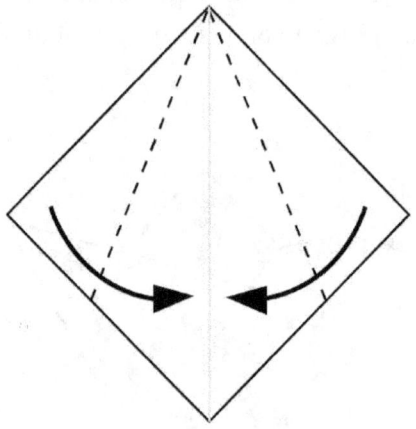

Obtenga un segundo cuadrado de papel y colóquelo sobre la mesa con una esquina orientada hacia usted. Dobla por la mitad hacia abajo, de arriba a abajo. Después deberás desplegarlo. Luego haz dos pliegues más a lo largo de las líneas de puntos. Hiciste este pliegue antes al aprender el pavo real.

Paso 7

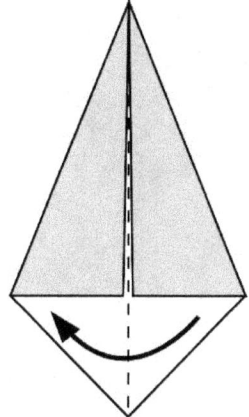

Dobla el papel por la mitad otra vez, llevando la esquina derecha a la esquina izquierda.

Paso 8

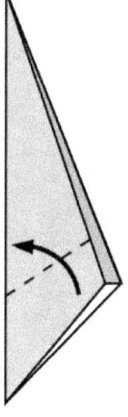

Haga un pliegue a lo largo de la línea de puntos que se muestra y doble el papel en la dirección de la flecha.

Paso 9

Ya casi estás hecha.

Todo lo que tiene que hacer ahora es insertar la parte superior del tallo en la parte inferior de la flor del tulipán.

¡Ya has terminado!

Capítulo Quince: Una Ballena

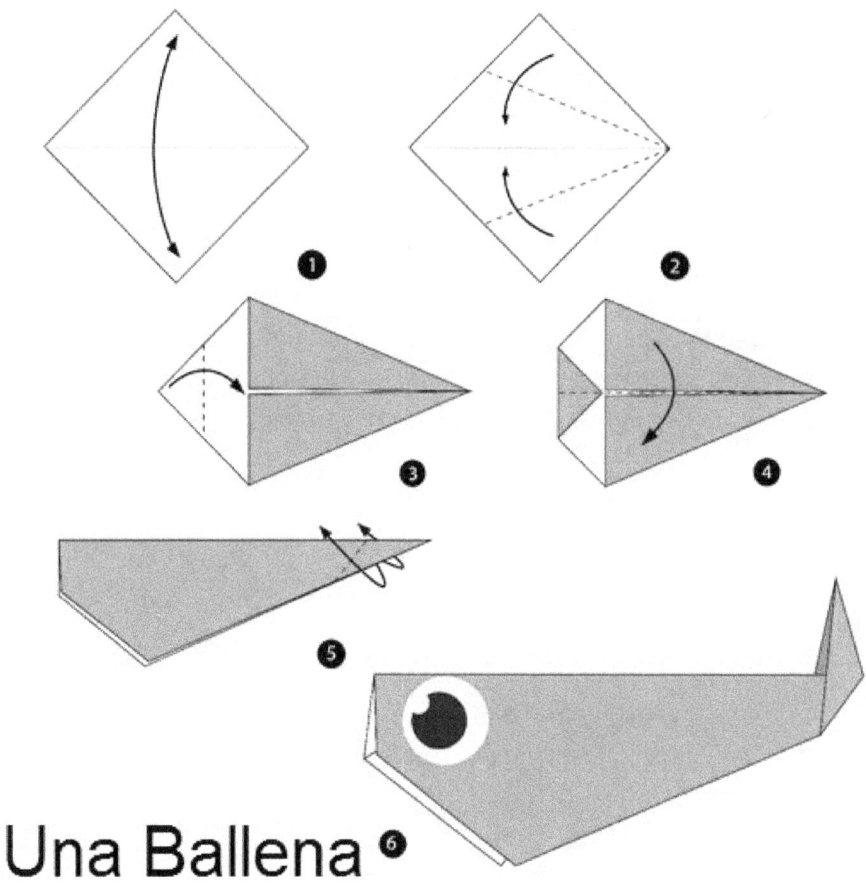

Una Ballena

Como una isla, Japón tiene una larga historia de vivir de la generosidad del mar. Hay muchas ballenas en las aguas alrededor de Japón, y los japoneses siempre han sentido una cercanía con ellas (y con frecuencia las utilizan para comer). Este es un diseño lindo y fácil de ese gigante del océano: la ballena.

Paso 1

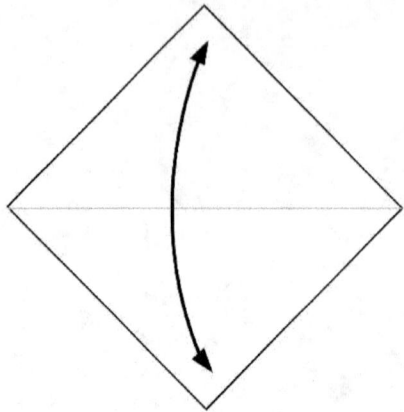

Coloque el papel plano sobre la mesa y asegúrese de que una de las esquinas esté orientada hacia usted. Dobla el papel por la mitad como se muestra en la imagen. Entonces despliégalo.

Paso 2

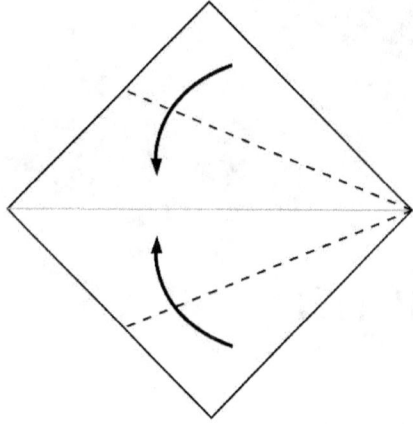

Estos son los pliegues que has hecho antes y deberían serte cómodos a estas alturas. Tome la esquina superior (la que está alejada de usted) y dóblela de modo que su lado superior derecho quede nivelado con el pliegue del **Paso 1** (ese pliegue está representado por la línea gris continua). Ahora haz lo mismo desde el fondo. Tome la esquina inferior (la que está frente a usted) y dóblela de modo que su lado izquierdo quede nivelado con el pliegue del **Paso 1**.

Paso 3

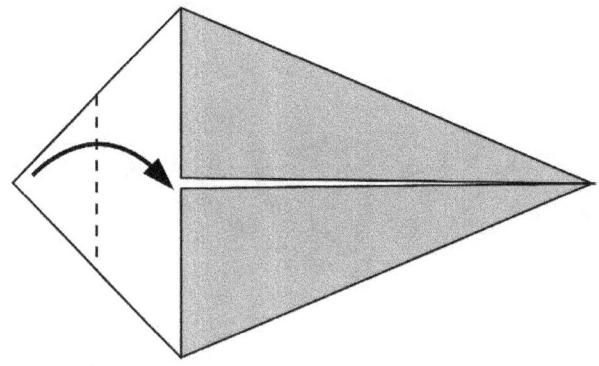

Gire el papel de modo que el punto más largo quede hacia la derecha, como se muestra en la imagen de arriba. En esta etapa, la forma de su papel se parece un poco a una punta de flecha.

Tome el punto que mira hacia la izquierda y dóblelo a lo largo de la línea de puntos que ve en la imagen. El punto que estaba orientado hacia la izquierda debería estar casi tocando las dos aletas.

Paso 4

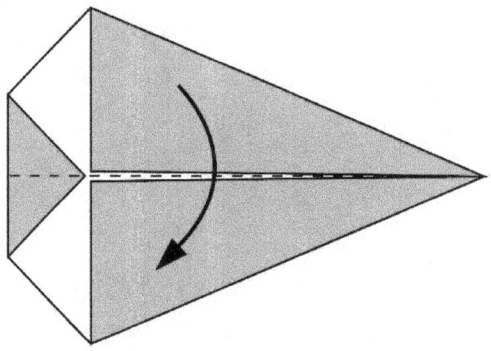

Parece que estás construyendo un avión de papel de nuevo, ¿no es así?

Dobla el papel por la mitad como se muestra en el dibujo. Traiga la mitad superior y dóblela sobre la mitad inferior.

Paso 5

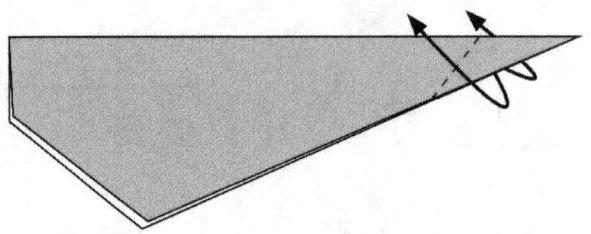

Ahora vas a hacer lo que se llama un pliegue inverso exterior.

¿Ves la línea punteada en el dibujo? Dobla el papel a lo largo de esa línea. Primero dóblalo a la izquierda, luego dóblalo a la derecha. Asegúrate de tener un buen pliegue.

Ahora despliegue parcialmente el papel y gire la solapa, siguiendo la dirección de las flechas en el dibujo.

Paso 6

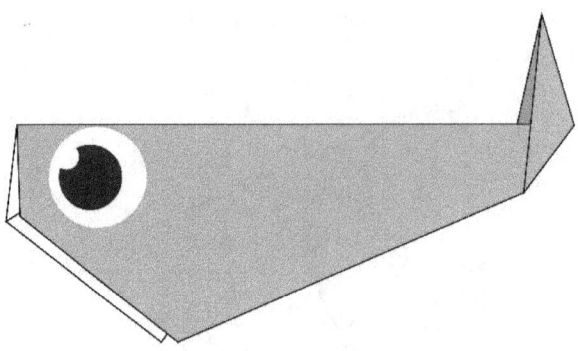

¡Al hacer un pliegue inverso exterior, le has dado una cola a tu ballena! Lo único que queda por hacer es darle a él, o ella, un ojo.

Puedes dibujar uno con un marcador de magia oscuro, o puedes pegarle un ojo de plástico. ¡Y estará listo!

Capítulo Dieciséis: Un Brachiosaurus

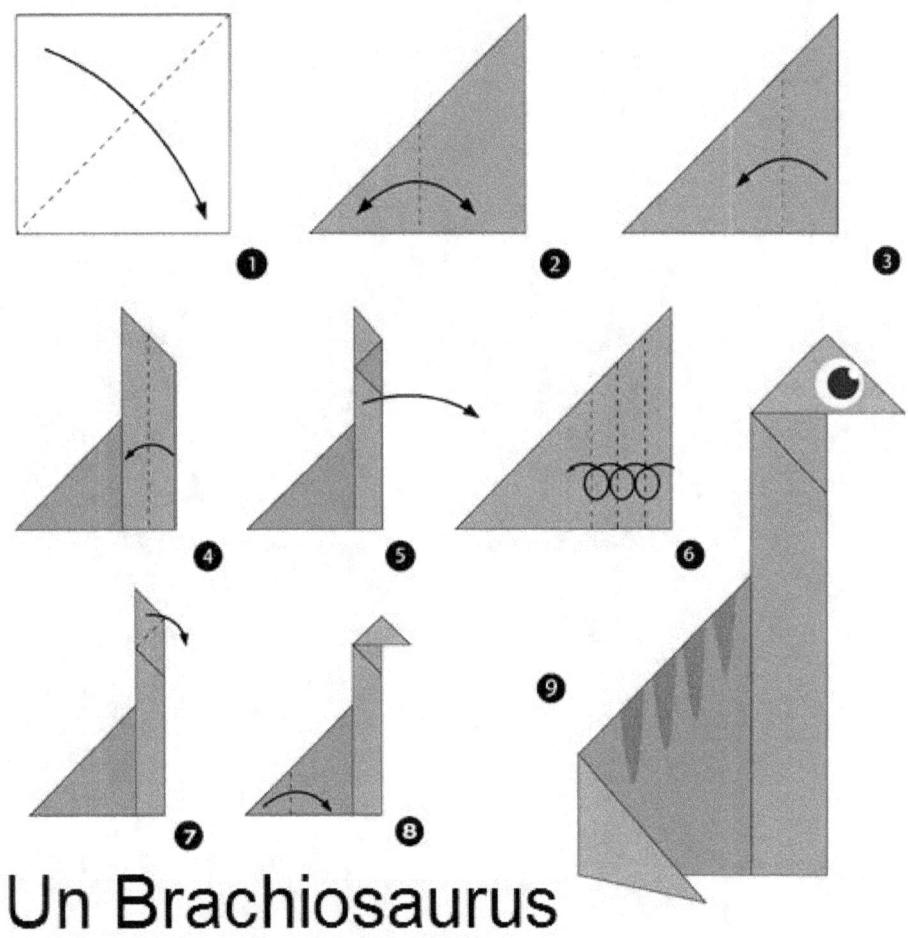

Un Brachiosaurus

A diferencia de los otros animales que has hecho hasta ahora, el brachiosaurus ya no existe. Desaparecieron de la tierra hace millones y millones de años, aunque los científicos no están exactamente seguros de por qué. Los brachiosaurus eran enormes: ¡Tenían alrededor de 80 pies de largo y pesaban más de 60 toneladas! Pero a diferencia de los tiranosaurios agresivos, los brachiosaurus eran muy suaves y comían pasto y verduras. En realidad, eran un poco adorables para ser dinosaurios, por lo que ahora vamos a hacer uno.

Paso 1

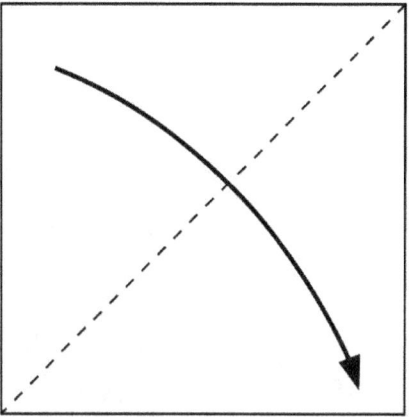

Coloque el papel sobre la mesa. Ninguna de las esquinas debe estar orientada hacia usted o alejada de usted. Dobla el papel por la mitad como se muestra en el dibujo. Tome la esquina superior izquierda y dóblela, siguiendo la dirección de la flecha, hasta que encuentre la esquina inferior derecha.

Paso 2

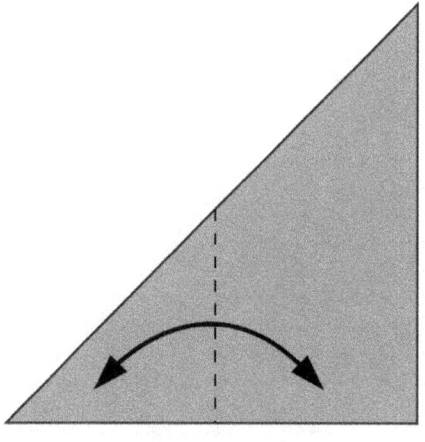

Ahora doblarás la nueva esquina inferior izquierda como se muestra en la imagen. Dóblalo, luego despliégalo. Asegúrate de que haya un buen pliegue.

Paso 3

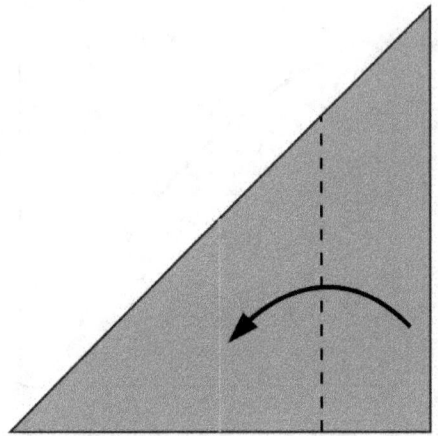

Haz otro pliegue, esta vez desde la derecha. Dobla el lado derecho del triángulo de modo que su borde quede nivelado con el pliegue que hiciste en el **Paso 2**.

Paso 4

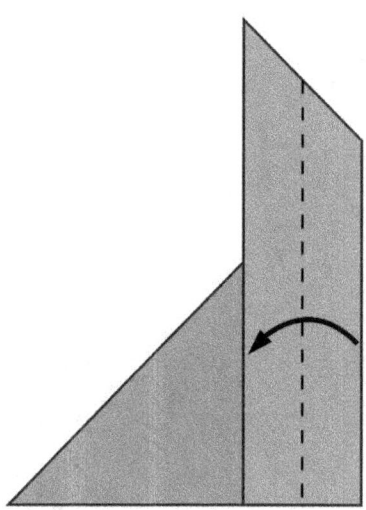

Eche un vistazo a la línea de puntos en el dibujo. Se encuentra a medio camino entre el pliegue que hizo en el **Paso 2** y el nuevo lado derecho de su papel. Básicamente, doblarás el lado derecho de tu papel hasta que también esté a la altura del pliegue que hiciste en el **Paso 2**. Estás doblando el pliegue.

Paso 5

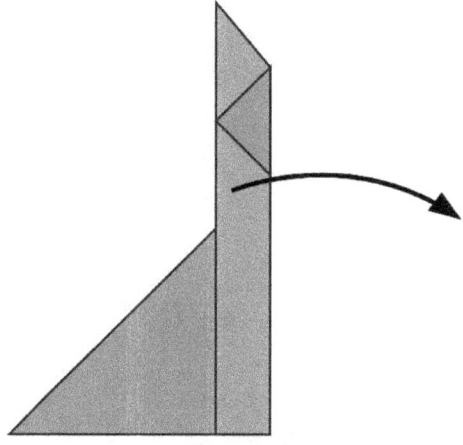

Despliegue su papel y colóquelo plano para que pueda verlo.

Paso 6

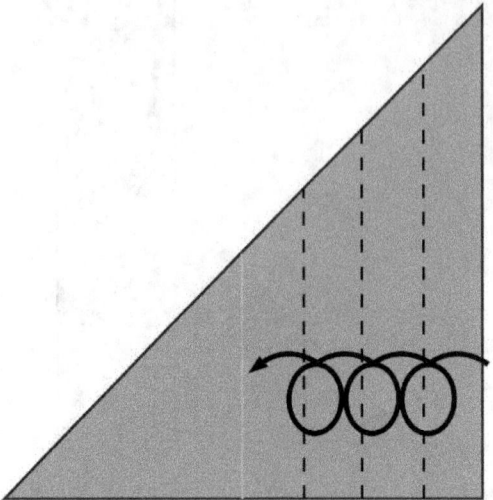

Ahora puedes ver lo que has hecho: una serie de pliegues en el papel. Asegúrate de que cada uno de los pliegues esté afilado.

Ahora vuelva a doblar el papel para que se parezca a la figura que tenía al principio del **Paso 5**.

Paso 7

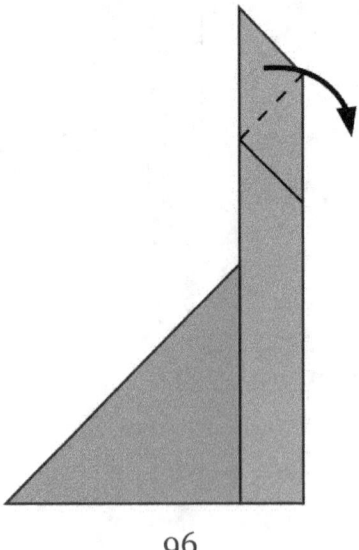

Dobla el papel a lo largo de la línea de puntos que ves en el dibujo. Esto bajará el punto de la esquina para que quede hacia la derecha. Esta será la cara del brachiosaurus.

Paso 8

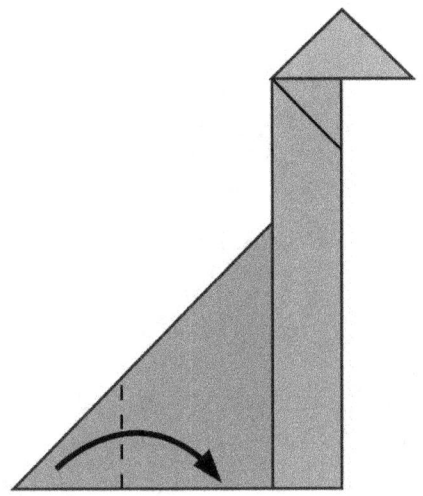

El único doblez restante creará la cola. Toma la esquina izquierda y dóblala hacia la derecha. Asegúrese de que el pliegue esté bien firme, ya que la cola del brachiosaurus tendrá que sentarse en ángulo. El ángulo permitirá que el origami del brachiosaurus permanezca en posición vertical cuando lo coloques sobre una mesa u otra superficie plana.

Paso 9

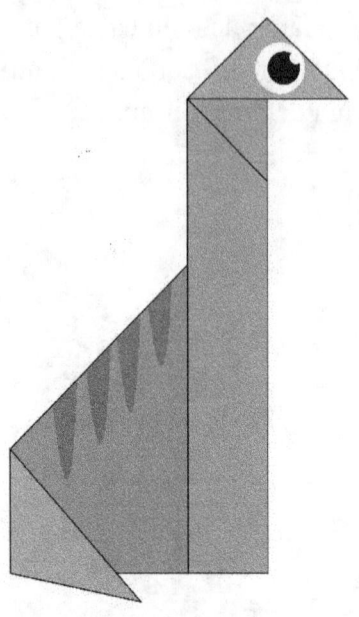

Lo único que queda por hacer es darle a tu brachiosaurus un ojo saltón y, si quieres, algunos patrones en su espalda. Puedes tomar uno de tus marcadores mágicos y seguir el diseño de la imagen, o puedes crear uno propio. ¡Ahora es totalmente tuyo!

¡Ya estás listo! Bueno, excepto por nombrar a tu nueva mascota ...

Capítulo Diecisiete: Una Grulla

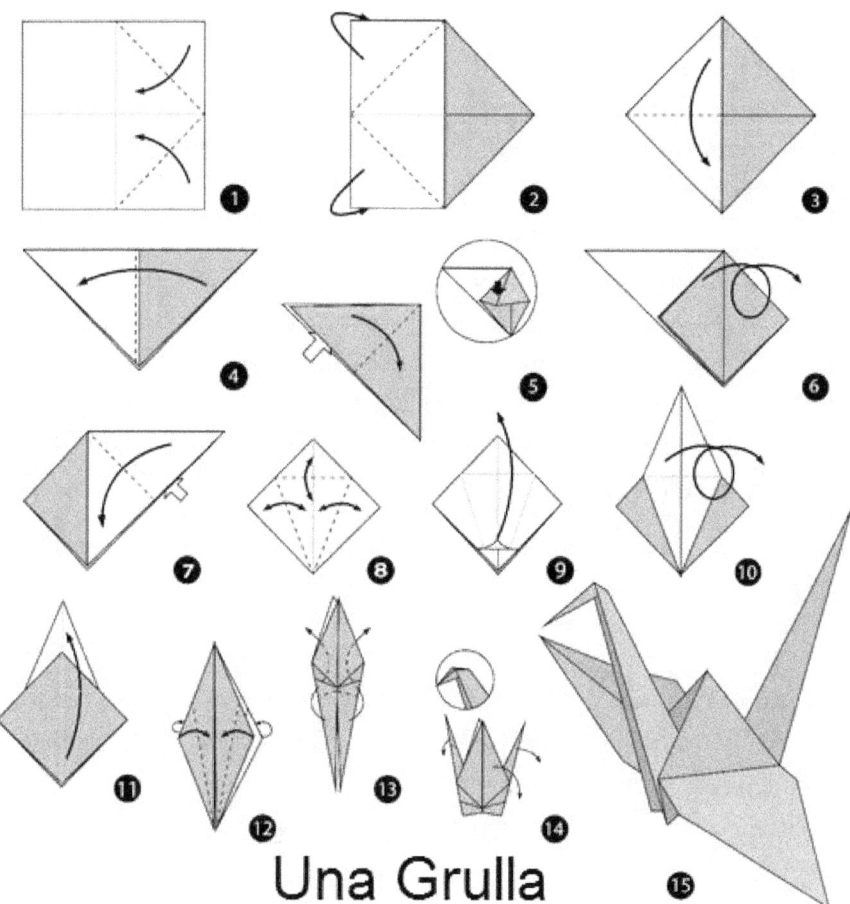

Una Grulla

Llegamos, por fin, a la grulla.

He guardado esta figura de origami para el final porque es muy importante en la cultura japonesa. De hecho, es tan importante que quiero tomarme un minuto y contarles un poco de ella, antes de comenzar a hacer uno. Este será uno de los patrones más difíciles que jamás intentarás. Es muy complejo... pero también muy bonito.

Probablemente cometerás muchos errores y tendrás que empezar varias veces. Está bien. Todo el mundo lo hace. Sin embargo, tu trabajo duro valdrá la pena.

La grulla en la cultura japonesa

Para los japoneses, las grullas son pájaros elegantes y místicos. Durante miles de años, han valorado la grulla como un símbolo de honor y lealtad. Hace cientos de años, los japoneses creían que las grullas vivían durante mil años. Debido a esta creencia, la grulla llegó a ser vista como un signo de buena suerte y de una larga vida en la cultura japonesa.

En Japón, la grulla se conoce como "el ave de la felicidad". Hace mucho tiempo, la gente creía que las alas de la grulla llevaban a las almas al paraíso. Incluso hoy, las madres que oran por la protección de sus hijos ofrecen la siguiente oración:

¡Oh bandada de grullas celestiales!
Cubre a mi hijo con tus alas ...

Hace poco más de 200 años, uno de los primeros libros sobre origami se publicó en Japón. Se llamaba *Cómo plegar 1.000 grullas*. Probablemente te estés preguntando: ¿Por qué alguien querría plegar 1,000 grullas de origami? Esa es una buena pregunta, y tiene una respuesta sorprendente.

Tradicionalmente, la gente en Japón creía que, si alguien lograba plegar 1,000 grullas de origami, cualquier cosa que esa persona deseara se haría realidad. Debido a esta creencia, las grullas se convirtieron no solo en un símbolo de honor y lealtad, sino también en un símbolo de esperanza y sanación en tiempos difíciles. Como resultado, se desarrolló una hermosa costumbre hasta hoy: las personas pliegan 1,000 grullas de papel y las atan juntas; generalmente hay 25 cuerdas, y cada cadena tiene 40 grullas. Estas generalmente se ofrecen como regalos. A los japoneses les encanta tanto la idea de 1,000 grullas plegadas a mano que incluso tienen un nombre: *senbazuru*.

Las grullas como símbolo del matrimonio

En Japón, las grullas se han convertido en un símbolo del matrimonio. Doblar una grulla requiere tiempo, paciencia y comprensión, igual que el matrimonio. Las bodas en Japón a menudo están decoradas con 1,000 grullas plegadas a mano. ¡Aún más sorprendente es que las 1,000 grullas están plegadas a mano por las personas que se casan!

Ahora que tiene una idea de cuán importantes son las grullas, y las grullas de origami, en particular, ¡hagamos una de las nuestras!

Paso 1

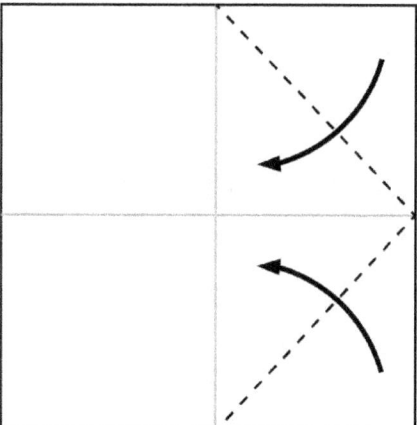

¡Aquí vamos! Coloca el papel plano sobre la mesa. No debe haber esquinas apuntando hacia ti. Dobla el papel por la mitad de lado a lado, luego dóblalo hacia arriba y hacia abajo. Despliegue su papel y alise sobre la mesa. Debería tener pliegues en su papel donde las líneas grises sólidas están como en el dibujo de arriba.

Ahora tome la esquina inferior derecha y dóblela hacia el centro del papel. El punto de la esquina debe tocar el centro del papel. Haz lo mismo con la esquina superior derecha.

Paso 2

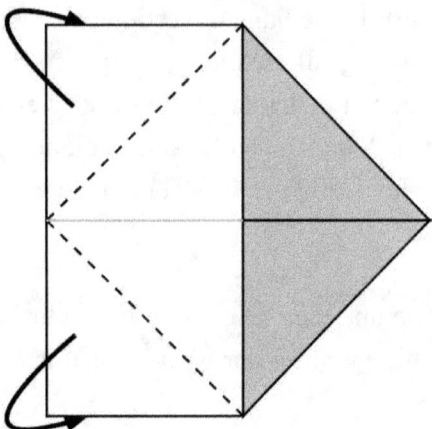

Ahora, para este próximo movimiento, vas a hacer algo similar a lo que hiciste en el **Paso 1**, pero lo harás en la *dirección opuesta*.

Tome la esquina inferior izquierda y dóblela hacia el centro del cuadrado, pero dóblela *detrás* del papel. Ahora haz lo mismo con la esquina superior izquierda.

Paso 3

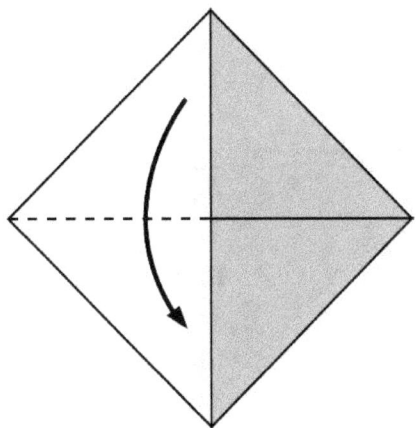

Dóblala entera por la mitad, bajando la esquina superior para encontrar la esquina inferior.

Paso 4

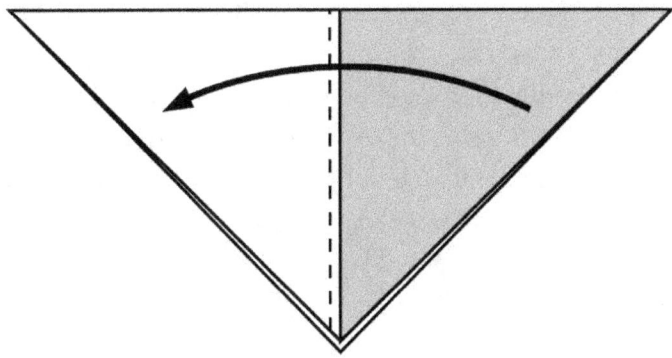

Dobla por la mitad otra vez, pero esta vez dobla de derecha a izquierda.

Paso 5

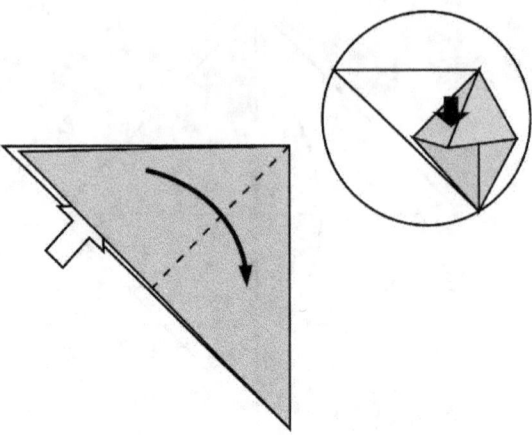

El siguiente paso puede ser complicado. Ahora tenemos dos colgajos. Una solapa superior y una inferior. ¿Observa la flecha blanca en la imagen? Aquí es donde está la tapa superior. Tome la solapa superior y ábrala, doblando los lados izquierdo y derecho para que pueda doblar la esquina superior izquierda hacia la esquina inferior.

Si aún te resulta difícil, toma la parte superior de la solapa desde donde comienza la línea de puntos a la izquierda. Luego, deberá hacer un pliegue horizontalmente, a lo largo de la derecha para que la solapa se abra y se doble como la imagen de abajo.

Paso 6

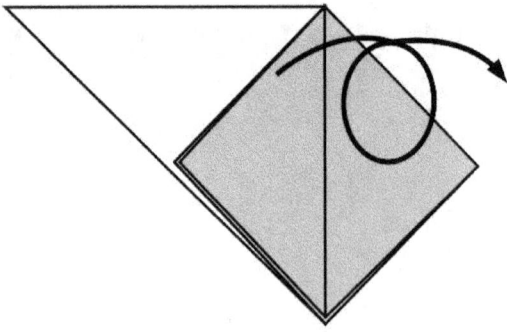

Ahora da vuelta el papel.

Paso 7

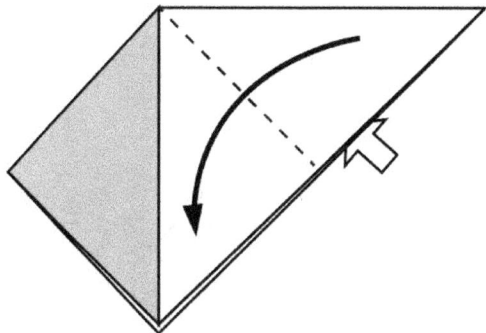

Aquí, vamos a repetir el **Paso 5**. Recuerda, esto puede ser un poco difícil. No estamos doblando la esquina superior derecha a la esquina inferior. Estamos abriendo la tapa desde el inicio de la línea de puntos y tirando de ella hacia la esquina izquierda. Lea el **Paso 5** otra vez si tiene problemas. Ahora deberías tener un cuadrado pequeño como el de la imagen de abajo.

Paso 8

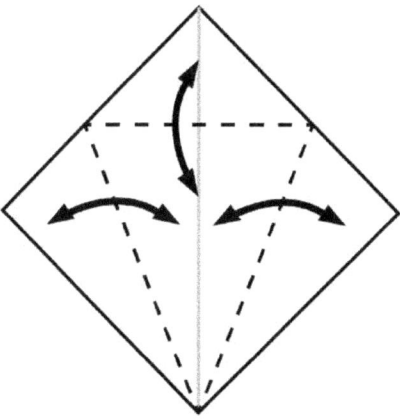

Toma los lados izquierdo y derecho de la capa superior y dóblalos para que se encuentren en el centro, luego despliégalos. Entonces, queremos doblar la esquina superior hacia abajo como en la imagen de arriba y desplegarla. Este paso es la preparación para lo que viene después.

Paso 9

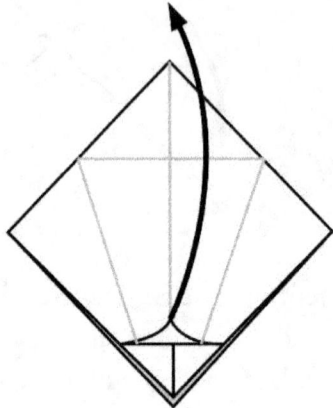

Abra la tapa hacia arriba. Vas a hacer lo que se conoce como un pliegue de pétalo. A medida que la solapa se abre, intenta que la esquina inferior se junte con la esquina superior y debe notar que la solapa se abre como una forma de cometa. Luego intentaras aplanar los lados izquierdo y derecho con la esquina superior para que ahora quede suave.

Paso 10

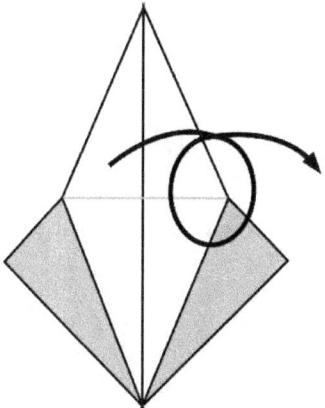

Una vez que haya abierto la solapa y la haya aplanado en forma de cometa, dé la vuelta al papel.

Paso 11

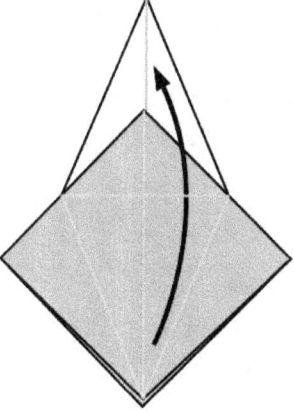

También vas a hacer el mismo pliegue de pétalo en este lado. Entonces, estarás repitiendo el Paso 9. Toma la solapa superior y jálala hacia arriba hasta la esquina superior como se muestra en el dibujo de arriba y aplana todo nuevamente.

Paso 12

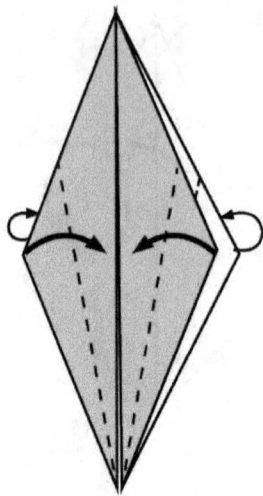

Tu papel ahora se ve así. ¡Felicidades! ¡Esa parte fue complicada!

Tome las esquinas izquierda y derecha de la capa superior y doble hacia el centro de la pieza. No todo el camino hacia el centro, pero muy cerca. Haga esto para los lados derecho e izquierdo.

Da la vuelta y haz exactamente lo mismo para las otras esquinas izquierda y derecha. Ahora deberías tener una forma de cometa aún más delgada.

Paso 13

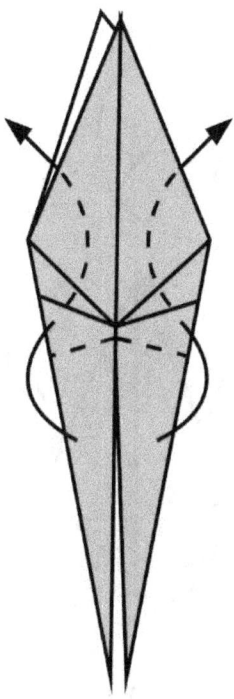

En este paso, vas a hacer dos pliegues inversos con las solapas que están frente a ti. Uno será para la cabeza de la grulla y el otro será para la cola de la grulla. Cuando haya terminado, la figura debe parecerse al dibujo del **Paso 14**.

Paso 14

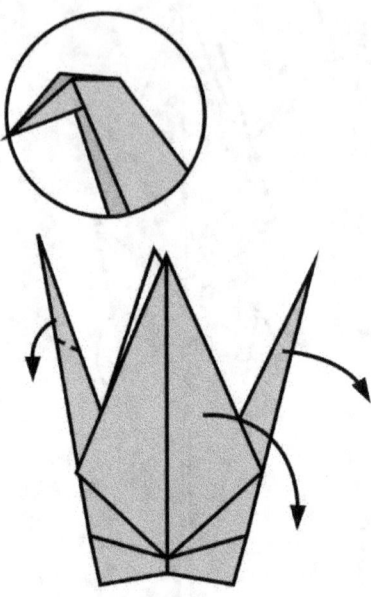

En primer lugar, voltea el papel. Como puedes ver, todo apunta hacia arriba. ¡Necesitamos hacer que nuestra grulla parezca una verdadera grulla! Las dos aletas grandes opuestas entre sí son las alas de la grulla. Siguiendo la dirección de las flechas en el dibujo, jale las alas ligeramente hacia abajo para que queden a la altura del piso.

En el lado derecho e izquierdo del dibujo, verá la cola y la cabeza de su grulla. Tire suavemente hacia abajo de la cabeza y la cola, pero solo un poco. No quieres que estén al mismo nivel que las alas de la grulla. Quieres que la cabeza y la cola se peguen un poco.

En la cabeza, va a hacer otro pliegue inverso exterior para darle un pico a la grúa.

Paso 15

El ave de la felicidad

¡Tú grulla, el ave de la felicidad, ahora está completa!

Palabras Finales

Quiero darle las gracias por tomarse el tiempo para recorrer mi libro. Espero que te haya dado una buena introducción al antiguo arte del origami y que te haya dado hambre para buscar más.

Antes de irme, pensé que podría interesarte aprender un poco sobre el hombre que hizo famoso al origami. Aunque no se puede decir que ninguna persona haya inventado el origami, una persona hizo al origami popular en nuestro tiempo: Akira Yoshizawa.

Akira Yoshizawa nació en 1911. Cuando tenía solo 13 años, se mudó a Tokio para trabajar en una fábrica. Cuando tenía poco más de 20 años, fue ascendido a un nuevo puesto que requería que entrenara nuevos trabajadores. De niño, había aprendido el origami de su madre. Ahora lo enseñó a sus compañeros de trabajo para ayudarlos a entender sus máquinas y cómo funcionaban.

Durante la Segunda Guerra Mundial, Akira Yoshizawa se enfermó y tuvo que pasar mucho tiempo en un hospital. Hizo modelos de origami para animar a los otros enfermos.

Por ahora, se estaba haciendo famoso por su hermoso origami. En 1951, una revista japonesa le pidió que doblara algunos modelos para un artículo sobre el origami. Lo hizo, y de repente se hizo aún más famoso. Finalmente publicó 18 libros sobre el origami.

La increíble habilidad de Akira Yoshizawa le permitió viajar por el mundo y hacer que la gente se interesara en el origami. El gobierno japonés le pidió que fuera un embajador especial, y en 1983 le otorgó la Orden del Sol Naciente, uno de los más altos honores para un ciudadano de Japón. Murió en 2005, cuando tenía 94 años.

Una de las cosas más asombrosas de Akira Yoshizawa es que fue un artista autodidacta de origami. Y con eso quiero decir que no solo siguió los diseños de otras personas, sino que hizo sus propios diseños totalmente nuevos. Sus diseños eran complicados y hermosos y se mostraban en galerías de arte de todo el mundo. Se dice que él creó más de 50,000 modelos diferentes de origami durante su vida.

Nunca usó tijeras o pegamento al crear sus diseños de origami. Sin embargo, una cosa que hizo fue crear una nueva forma de plegar. Se llama plegado en húmedo, lo que significa que el papel se humedece ligeramente antes de doblarlo. El plegado en húmedo permite doblar y doblar el papel más fácilmente, lo que significa que los modelos terminados tienen un aspecto más redondo y se parecen más a una escultura. Esto era algo completamente nuevo en origami. Nadie lo había hecho antes. Por cierto, el plegado en húmedo requiere un papel más grueso que el origami tradicional. El papel de origami normal generalmente es muy delgado y se rasgará si se intenta plegar en húmedo.

Solo quería que supieras un poco sobre Akira Yoshizawa. Es la razón principal por la que el origami comenzó a hacerse popular en los Estados Unidos después de la Segunda Guerra Mundial. Mucha gente nunca habría oído hablar del origami si no hubiera sido por Akira Yoshizawa.

El mundo es un lugar hermoso. A veces, estamos tan ocupados que lo extrañamos. El origami me ha permitido estar tranquilo y concentrarme en la belleza del mundo y todas las cosas que se encuentran en ella. La simplicidad de este arte me tranquiliza, y espero que haya sido, y siga siendo, igual para usted. Pero, sobre todo, ¡espero que te diviertas!

Libro de Instrucciones de Origami para Niños Edición de Animales

Proyectos divertidos y fáciles para principiantes y adultos también

Ben Mikaelson

Introducción

Felicitaciones por la descarga del "Libro de Instrucciones de Origami para Niños Edición de Animales: proyectos divertidos y fáciles para principiantes y adultos también". ¡Está a punto de embarcarse en una aventura increíble! Quizás ya se haya unido a mí en "Origami para Niños: Libro de Instrucciones fáciles de Origami Japonés para Niños", este fue el primer libro de la serie. ¡Si no, no te preocupes! Encontrarás que este libro es igual de divertido y fácil de seguir. El primer libro cubrió una variedad de proyectos, mientras que este libro cubre animales de todo tipo. Entonces, si eres un fanático del origami y los animales, este es sin duda el libro para ti.

Hay algo muy divertido y especial acerca de tomar un simple papel y transformarlo en algo admirable. En este libro, aprenderemos a hacer animales coloridos, dulces e incluso feroces (leones, tigres y osos, ¡oh!). Puedes hacer tus favoritos o hacerlos todos y tener tu propia jungla de papel. Decidas lo que decidas, encontrarás que cada proyecto aquí es fácil de seguir, hermoso y, sobre todo, ¡divertido! Hay pequeños tesoros escondidos en todo el libro, como datos divertidos sobre Japón y todo tipo de cosas geniales sobre nuestros amigos animales. Algunos de nuestros amigos aquí son un poco más difíciles de hacer, pero si no eres un experto en origami, ¡no te preocupes! Al igual que en el primer libro de la serie, estos proyectos progresan de lo más fácil a lo más difícil, así que tómate tu tiempo y disfruta de la aventura desde el principio. Cuando llegues al final del libro, serás un experto en origami animal.

A continuación, hay algunas instrucciones (¡con imágenes!) sobre los diferentes símbolos de plegado y los diferentes tipos de pliegues que realizaremos en nuestros proyectos de origami. Puedes volver a mirar estas secciones si se te olvida o si necesitas ayuda adicional. También aprenderás cómo hacer una hoja cuadrada de papel a partir de una rectangular, por lo que podrás usar casi cualquier tipo de papel que tengas en la casa. Eso significa que tendrás una mayor variedad de colores y patrones para elegir. ¡Tus animales van a ser increíbles y ciertamente únicos!

Hay muchos libros disponibles sobre origami. Te agradezco mucho que hayas elegido unirte a mí en este caso, ¡gracias! Sinceramente espero que disfrutes leyendo y haciendo cada diseño aquí. Si encuentras un momento en el que sonríes, mi trabajo está hecho. Comparte un poco de felicidad con amigos y familiares dando estos proyectos como regalos, enseñándole a alguien más cómo hacer origami, o incluso leyendo este libro con otros y aprendiendo a hacer origami juntos. ¡Es muy divertido hacerlo con los demás! ¿Estás listo para empezar? ¡Yo espero que sí! Aquí vamos…

Capítulo 1: Todo Sobre el Origami

Antes de comenzar a doblar y crear nuestras obras de arte con animales, hablemos un poco sobre qué es el origami y de dónde viene. Tal vez esta es la primera vez que lees sobre origami. Tal vez lo hayas leído antes, como en el primer libro de esta serie: Origami para Niños: Libro de Instrucciones fáciles de Origami Japonés para Niños. De cualquier manera, es bueno que mejores tu conocimiento e incluso que aprendas algo nuevo.

Origami (dicho como o-ri-ga-mi) es el trabajo japonés para el plegado de papel. "Ori" significa "plegar" y "gami" (kami en japonés) significa "papel". Ponlos juntos, y tienes "origami" que es "plegar papel", por supuesto. Sé que ya te diste cuenta de eso. El origami es una forma de arte que ha evolucionado y viajado a través de generaciones (desde adultos transmitidos a niños como tú, y cuando esos niños son adultos, se lo transmiten a los niños, y simplemente continúa) en todo Japón. Lo sé, probablemente ya lo sabías también. Pero lo que quizás no sepas es que el origami realmente comenzó en China, no en Japón. El papel era muy caro en aquel entonces, por lo que solo las personas con mucho dinero lo usaban, y algunos emperadores muy ricos practicaban el origami como un arte, y recibían papel y origami como regalos.

Después de un tiempo, el papel se hizo más asequible, y luego todos lo usaban para todo tipo de cosas. El origami se hizo cada vez más popular, principalmente en Japón, y realmente comenzaron a hacer algunas cosas increíbles. Japón realmente hizo del origami lo que es hoy. Ya que ahí es donde evolucionó y ganó popularidad, a pesar de que pudo haber comenzado en China, es una parte importante de la cultura japonesa. El origami se suele enseñar en casa como parte de la tradición japonesa.

El origami es algo más que arte ...

Así que ahora ya sabes dónde comenzó el origami y cómo ganó su popularidad y se extendió a Japón. Si bien hay obras de origami hermosas y elaboradas que ciertamente son obras de arte, los beneficios del origami no se detienen allí. Es realmente muy bueno para nuestra salud mental y física.

Los científicos han descubierto que realizar actividades que desafían nuestra mente y aquellas que se basan en nuestras habilidades y talentos existentes a través de una variedad de tareas, como rompecabezas y, como lo adivinaste, el origami, puede fortalecer el cerebro. El origami es una actividad que puede proporcionar tanto un estímulo mental como físico con un poco de ejercicio. Usar las manos para la actividad de contacto directo ayuda a estimular ciertas áreas del cerebro. El origami ayuda a desarrollar y fortalecer la coordinación mano-ojo, la concentración mental y las habilidades motoras finas. El plegado de papel se usa incluso en causas terapéuticas, como la terapia de arte y en la rehabilitación de accidentes cerebrovasculares y lesiones.

Dado que el origami tiene instrucciones detalladas, nos desafía a un nivel cognitivo a medida que aprendemos a seguir estas instrucciones, obtener nuevas habilidades y completar nuevas actividades. Cuando te involucras en el origami, se envían impulsos al cerebro que luego comienzan a activar los hemisferios izquierdo y derecho. Las áreas táctiles, motoras y visuales del cerebro se activan y se ponen en uso. Esto también estimula la memoria, el pensamiento no verbal, la atención, la comprensión 3D y la imaginación.

El origami también crea salud emocional adicional. Cuando aprendemos algo nuevo y creamos algo (como cualquiera de estos geniales animales de papel), obtenemos una sensación de satisfacción, orgullo y otras emociones que nos hacen sentir bien. Esto ayuda a aumentar la creatividad, la autoestima y la confianza. Todas estas grandes cosas solo por el simple plegado de papel.

Capítulo 2: Lo que Necesitarás

Una de las cosas que hace que el Origami sea tan especial es que no necesitas mucho. Un simple pedazo de papel puede transformarse, casi como por arte de magia, en algo completamente nuevo. ¿Quién sabía que un pedazo de papel podría convertirse en una jirafa, una ardilla, un pez y mucho más? Ciertamente yo no sabía, hasta que aprendí todo sobre este increíble arte.

Lo primero que necesitas para comenzar es algunas hojas cuadradas de papel. Los cuadrados y los rectángulos son parecidos, así que, ¿cómo saber cuál es un cuadrado? Buena pregunta. Cuando el papel es un cuadrado, los cuatro lados tendrán la misma longitud. Un rectángulo también tiene cuatro lados, pero dos lados son más largos que los otros dos. Mira la imagen de abajo y verás lo que quiero decir. Sin embargo, solo porque una hoja de papel es un rectángulo, no significa que no puedas usarlo, solo tienes que convertirlo en un cuadrado. En solo un minuto, aprenderás cómo hacer eso.

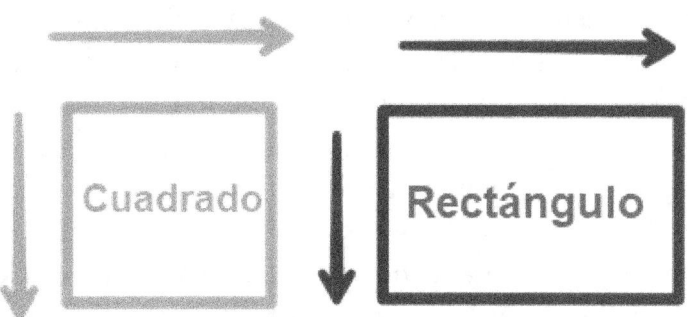

Hay papeles especialmente diseñados para origami con todo tipo de texturas, colores y patrones, pero realmente no necesitas nada especial, sobre todo para comenzar y practicar. Probablemente tengas un papel alrededor de la casa que es simplemente perfecto. Pídele a un adulto que te ayude a localizarlo si lo necesitas. Puedes utilizar cualquier color o patrón que desees. Incluso puedes utilizar un papel blanco liso. O toma un papel blanco y coloréalo tú mismo. Esto es especialmente agradable de usar para un regalo, además agrega algo de diversión extra. Puedes usar páginas coloridas de un libro antiguo (con permiso, ¡por supuesto!), papel de cuaderno y muchas otras cosas. ¡Sé creativo! Cuando seleccionas tu papel, no quieres usar algo demasiado grueso (como cartulina o papel de construcción grueso), porque es bastante difícil de doblar. Tampoco quieres algo demasiado delgado (como papel de seda o papel de envolver) porque se rasga con mucha facilidad. Aparte de eso, el cielo es el límite, ¡así que sé creativo y enloquece!

Una vez que tengas papel, busca una superficie plana para trabajar. No tiene que ser un escritorio; puedes hacer origami en cualquier lugar. Una mesa de café o una mesa de cocina son excelentes lugares y, por supuesto, un escritorio también es perfecto. Solo necesitas un área pequeña con una superficie plana para plegar. Incluso un escritorio de regazo funcionará.

Entonces, ¿tienes tu papel y un lugar para doblarlo? ¡Genial! Ahora, a algunas personas les gusta usar herramientas especiales para ayudar a hacer los pliegues muy apretados presionándolos más fuerte, pero no tienes que preocuparte por eso. Solo asegúrate de presionar firmemente cuando hagas tus pliegues.

Lo último que necesitas es quizás algo de paciencia. Cuando aprendes algo nuevo, puedes cometer errores o no entender de inmediato. ¡Está bien! Ciertamente no sabía estas cosas cuando era joven, y ahora aquí estoy haciendo un libro para enseñarte. ¡Tal vez algún día hagas tu propio libro! Sigue intentando y practicando, y pronto descubrirás que has aprendido a hacerlo. Recuerda tener paciencia con otras personas que también podrían estar tratando de aprender contigo.

Dato curioso: de un pino se puede hacer aproximadamente 80.500 hojas de papel. ¡Eso es un montón de origami!

Capítulo 3: Cómo Hacer un Cuadrado de un Rectángulo

¿Recuerdas cuando dije que podías hacer un cuadrado de un rectángulo? Ahora te voy a mostrar cómo. Para esto, necesitarás un par de tijeras. Si necesitas ayuda, pregúntale a un adulto.

Echa un vistazo a las imágenes de abajo con cada paso para hacer un cuadrado. Solo hay 3 pasos fáciles. Primero, deja tu papel plano.

Paso 1

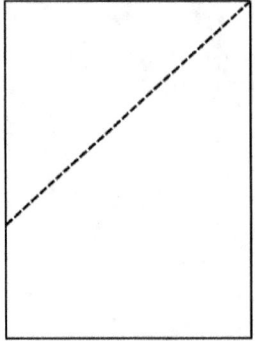

Pliegue # 1: dobla a lo largo de la línea de puntos, haciendo coincidir el borde con el otro borde.

Paso 2

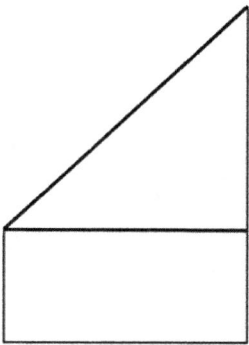

¿Ves la sección inferior, lejos del borde que doblaste hacia abajo? Recórtalo con tus tijeras.

Paso 3

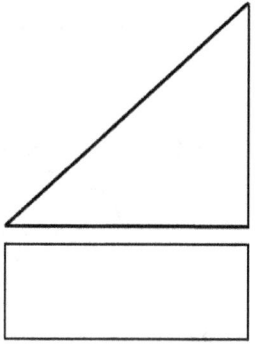

¡Desdobla tu papel y listo! Ahora tienes un cuadrado para trabajar.

Capítulo 4: Unos Cuantos Pliegues

Hay algunos pliegues en algunos de estos proyectos que son un poco más complicados que los básicos. Ahora, muchos ya conocen estos pliegues, pero por si acaso, aquí hay algo de ayuda adicional en caso de que la necesites. Comencemos por lo más básico y avancemos hacia arriba.

Cada pieza de origami usa lo que llamamos un pliegue de montaña y / o un pliegue de valle. Los has hecho muchas, muchas veces con otros proyectos que no tenían nada que ver con el origami, por lo comunes y fáciles que son.

El Pliegue de Valle: ¿Sabes qué es un valle? Es una "caída" más baja en la tierra. Es por eso que este pliegue se llama valle. Para hacer un pliegue de valle, se debe doblar el papel hacia arriba dentro de sí mismo, creando una forma de "v", o lo que parece una "caída" en el papel. Echa un vistazo.

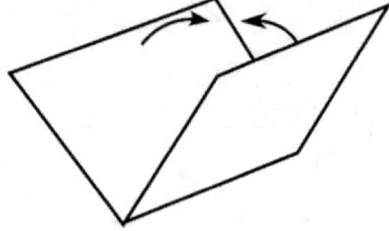

El Pliegue de Montaña: como un valle es bajo, una montaña es un punto alto o pico. El pliegue de montaña es básicamente lo opuesto al pliegue de valle. Para un pliegue de montaña, el pliegue se hace en la parte superior, y el papel se dobla sobre sí mismo hacia abajo, en lugar de hacerlo hacia arriba, formando una "v" inversa. Así es como se ve:

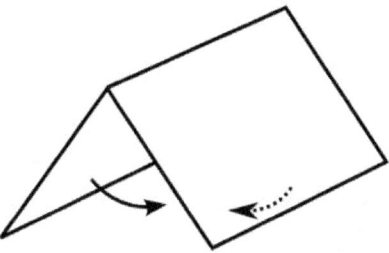

El Pliegue de Calabaza: el pliegue de calabaza es raro en este libro. Solo dos proyectos en este libro involucran el pliegue de calabaza. Al principio puede parecer un poco difícil, pero una vez que entiendes, ¡realmente no lo es! Es posible que ya hayas hecho un pliegue de calabaza antes y simplemente no te hayas dado cuenta de cómo se llamaba. Para hacer un pliegue de calabaza, haz palanca para abrir el papel y luego aplana (o aplasta) hacia abajo. Echa un vistazo al conjunto de imágenes a continuación. Estas imágenes muestran un ejemplo de una pieza usando un pliegue de calabaza. Tu primer pliegue de calabaza será con el proyecto del cachorro de oso, así que cuando llegues a él, consulta esta sección si lo necesitas.

Paso 1

Levanta la solapa que se va a aplastar hacia ti.

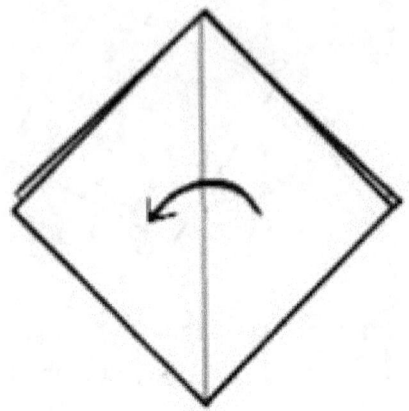

Paso 2 y 3

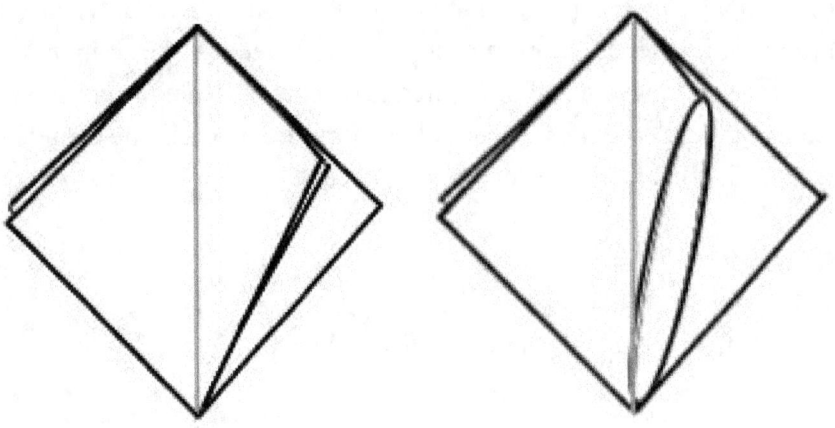

Separa las capas de papel.

Paso 4 y 5

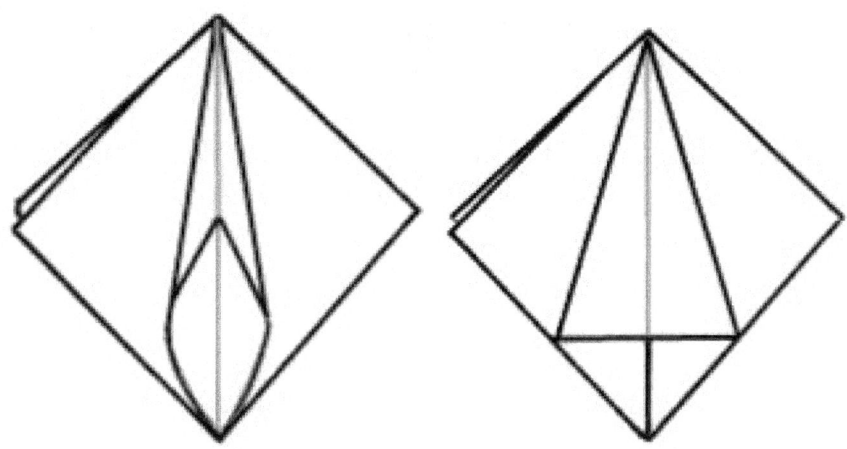

Con cuidado, presiona hacia abajo para aplastar el papel creando dos nuevos pliegues. Alinea el pliegue en la capa superior de papel con las capas de papel debajo.

El Pliegue de Bolsillo: el pliegue invertido interior, también llamado pliegue de bolsillo, es otro pliegue común hecho en origami. Para hacer este pliegue, sigue los pasos a continuación. Las imágenes aquí son para ayudarte a entender cómo funciona el pliegue; no estamos haciendo nada aquí, de verdad. Solo estamos aprendiendo los diferentes pliegues y practicando. Puedes volver a esta sección cuando lo necesites.

Paso 1

Toma una hoja cuadrada de papel y dóblala por la mitad para que se vea como se ve en la imagen de abajo. Luego dobla a lo largo de la línea de puntos, que también se indica en la imagen.

Paso 2

La imagen de abajo es el aspecto que debe tener tu papel después del primer paso. Ahora se desdobla, hacia donde indica la flecha.

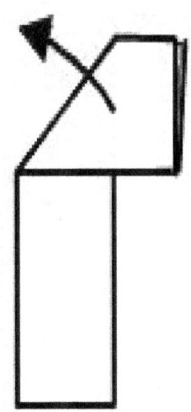

Paso 3

¿Ves la gran flecha negra? Dobla esa esquina hacia adentro y hacia abajo a lo largo de la línea de puntos, de modo que quede intercalada en el interior, como un bolsillo.

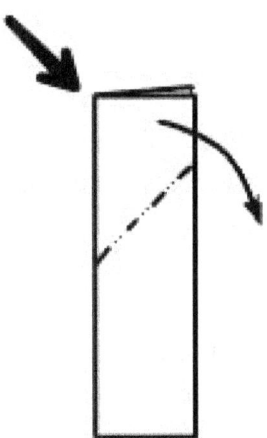

Paso 4

¡La imagen de abajo es como debería verse el resultado final! Hacer un pliegue y luego doblar el papel hacia adentro es siempre el punto del pliegue de bolsillo, que es lo que acabas de hacer.

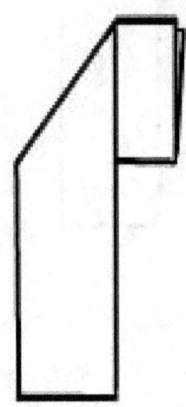

El Pliegue de Capucha: el pliegue inverso exterior, también llamado pliegue de capucha, es muy similar al pliegue de bolsillo. Mira las imágenes de abajo para ver las diferencias y similitudes.

Paso 1

Esta vez, dobla tu papel por la mitad de derecha a izquierda. Luego dobla a lo largo de la línea de puntos, como lo muestra la flecha en la imagen de abajo.

Paso 2

Ahora desdobla el paso anterior, como se muestra a continuación otra vez por la flecha.

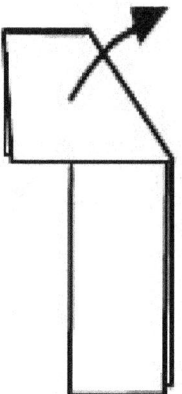

Paso 3

Dobla nuevamente a lo largo de la línea de puntos que se muestra a continuación, pero esta vez hazlo mientras abres el papel y presionas la mitad inferior (la sección debajo de la línea de puntos) hacia arriba y hacia adentro. Eche un vistazo al paso 4 para que veas a qué me refiero y cómo debería verse.

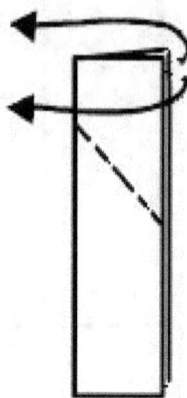

Paso 4

Este es el aspecto que debe tener tu papel cuando hayas completado el paso 3. No te olvides, siempre puedes pedir ayuda si tienes algún problema. ¡La conseguirás en cualquier momento!

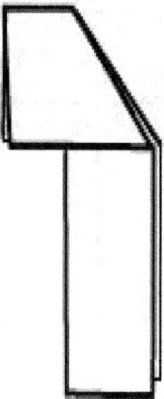

El Pliegue Escalonado: al igual que los otros pliegues, el pliegue escalonado se llama así porque se asemeja al escalón de una escalera. Para esto, practicaremos en una hoja cuadrada de papel, tal como la usamos con todo el origami.

Paso 1

Comienza con un pliegue de montaña, doblando un segmento del papel hacia atrás, donde indica la pequeña línea de puntos que está en la imagen de abajo. Da vuelta al papel (esto no siempre es necesario o posible con cada proyecto de origami, pero para aprender el pliegue, ¡esto ayuda!).

Paso 2

Usando el mismo segmento que doblaste hacia atrás, haz un pliegue en la línea de puntos más gruesa que se muestra en la imagen de abajo y devuelve el papel a su posición original girándolo.

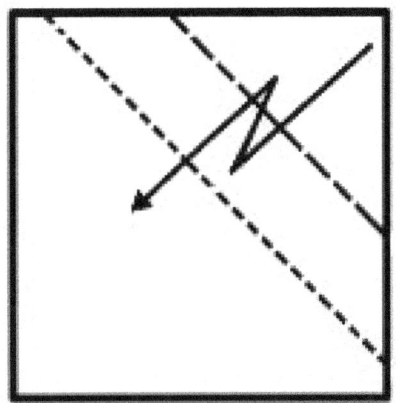 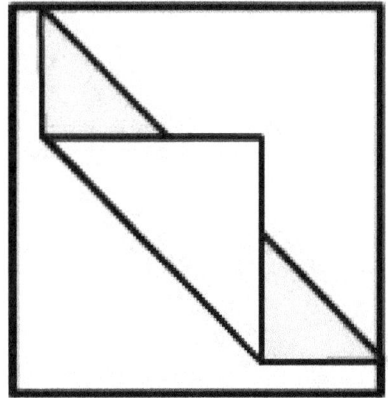

Capítulo 5: Símbolos para Empezar

Cada proyecto en este libro tiene instrucciones escritas, así como imágenes para ayudarte a doblar lo mejor que puedas. Las imágenes también tienen algunos símbolos especiales para ayudarte a entender lo que está pasando en las imágenes. Antes de comenzar con nuestro primer amigo animal, te mostraré cada símbolo que puedes ver y te explicaré lo que significan. ¡No te preocupes, es más fácil de lo que parece!

Aquí está nuestro primer conjunto de símbolos:

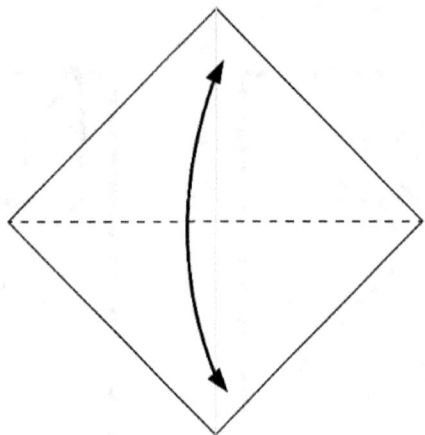

¿Cuántos símbolos crees que ves? Hay tres aquí. Primero, la línea de puntos en el medio de izquierda a derecha. ¿Míralo? Una línea de puntos significa que aquí es donde se dobla y se desdobla. Ahora, ¿ves la línea gris sólida que va de arriba a abajo? ¡Tienes un buen ojo! Esta línea continua te muestra dónde debe estar el pliegue de los pliegues que realizas. Por último, en esta imagen, ves una flecha. La flecha te muestra en qué dirección necesitas doblar.

Ahora veamos el siguiente símbolo:

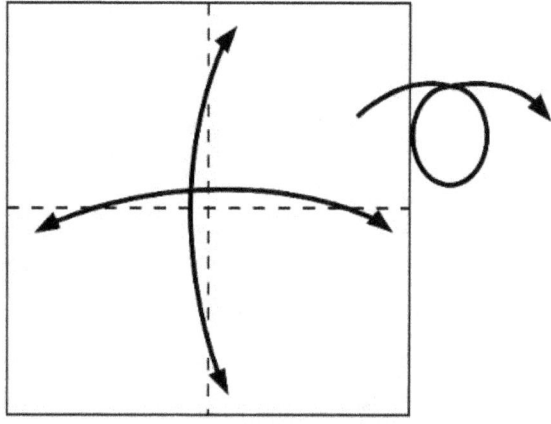

Aquí, puedes ver dos conjuntos de flechas. ¿Recuerdas lo que significan? Si crees que muestra en qué dirección doblar, ¡tienes razón! Ahora, ¿ves la flecha con un bucle? Cuando veas esta divertida flecha descabellada, significa que debes girar el papel hacia el otro lado.

Hay más símbolos que aprender a medida que vas mejorando, pero por ahora, esto es todo lo que necesitamos saber para comenzar a hacer animales adorables y feroces. ¡Espero que estés tan emocionado de aprender como yo lo estoy de enseñarte! ¿Estás listo? ¡Aquí vamos!

Capítulo 6: Tigre (Cara)

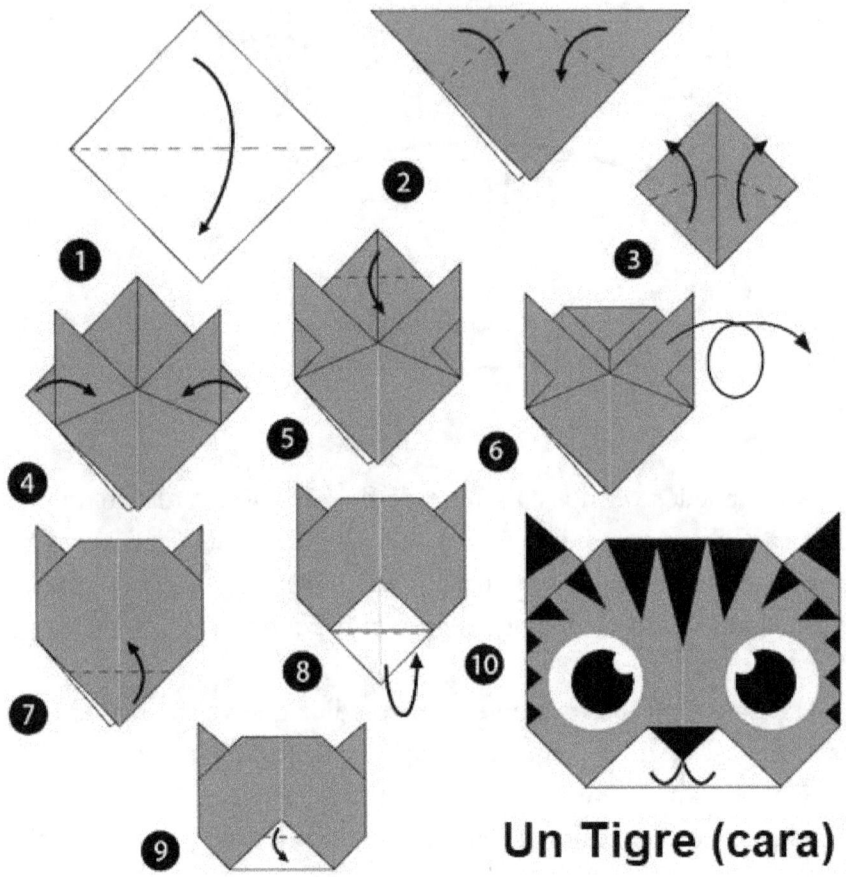

Un Tigre (cara)

¡Este adorable rostro de tigre es el primer proyecto de origami que recuerdo haber hecho! Comienza con el papel plano sobre la superficie de trabajo con el color o el lado del patrón hacia abajo. Si solo tienes papel blanco, eso también está bien.

Paso 1

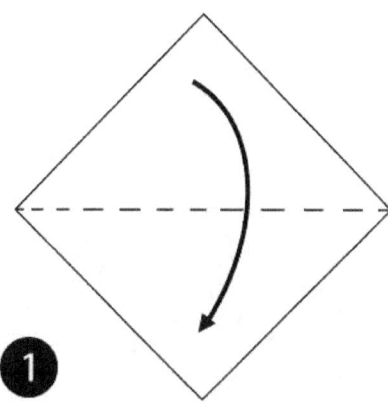

Dobla por la mitad de arriba a abajo, a través de las líneas de puntos.

Paso 2

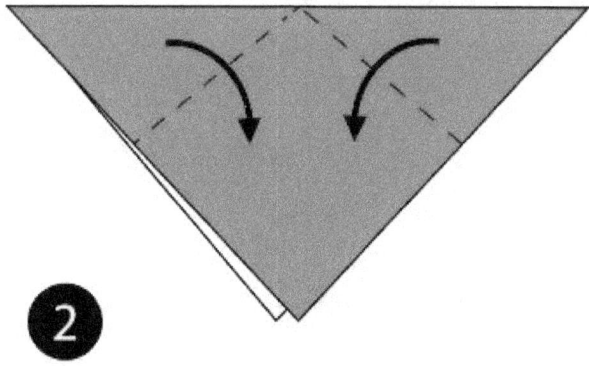

Dobla la punta izquierda hacia el centro. Repite esto con la punta derecha, para que se encuentren en el centro. Los pliegues estarán donde veas las líneas de puntos.

Paso 3

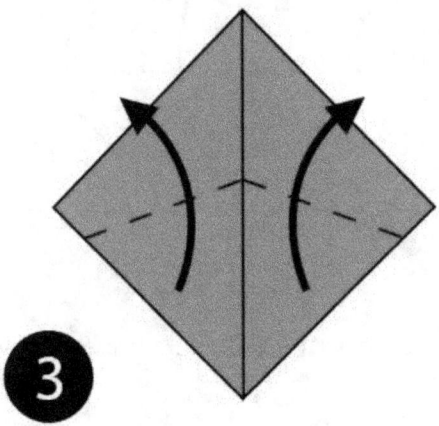

Dobla la parte izquierda hacia arriba y hacia afuera un poco hacia la izquierda. Repite esto con la parte derecha. Puedes ver cómo se ve mirando la siguiente imagen.

Paso 4

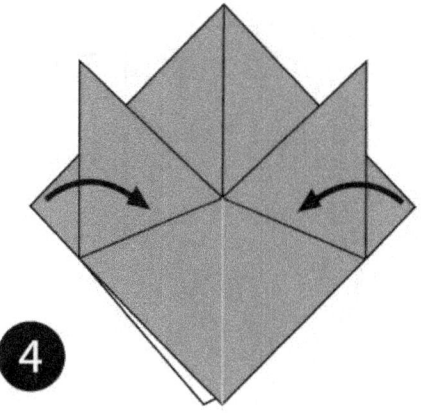

Dobla la punta izquierda como se muestra en la imagen. Repite con la punta derecha. Asegúrate de doblar bien.

Paso 5

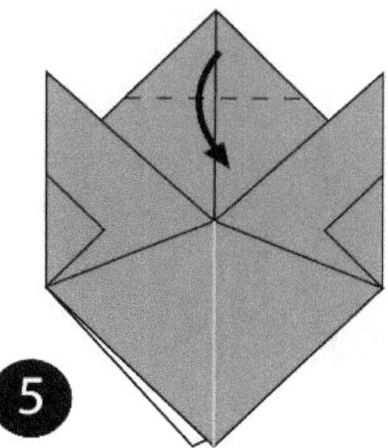

Dobla la punta superior hacia abajo, siguiendo la línea de puntos. Dobla bien.

Paso 6

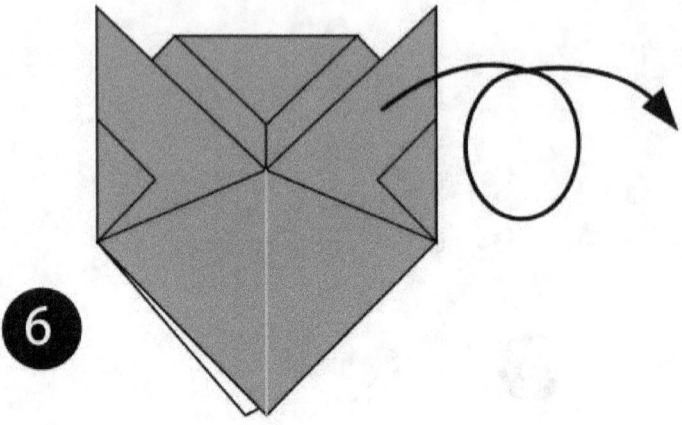

Da la vuelta a todo el proyecto, como se muestra en la imagen.

Paso 7

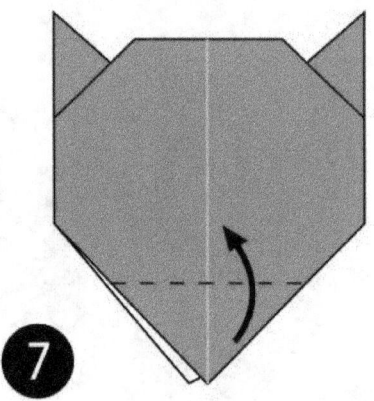

Dobla solo la capa superior de papel (no ambas capas de papel) hacia arriba.

Step 8

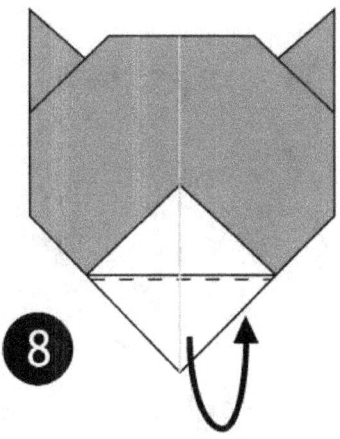

Ahora tienes una punta doblada hacia arriba con una capa y una capa apuntando hacia abajo. Dobla la punta en la parte inferior hacia atrás, detrás de todo. Dobla bien.

Paso 9

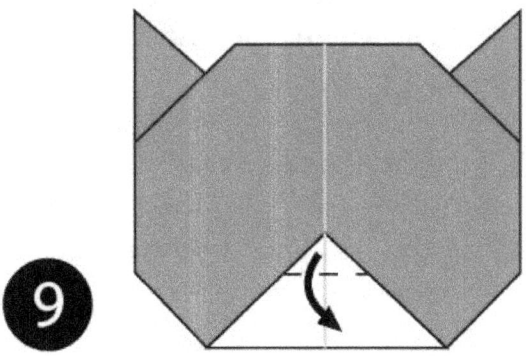

Ahora dobla la extremidad de la punta en la parte superior hacia abajo como se muestra para hacer la nariz del tigre.

Paso 10

Un Tigre (cara)

¡Has terminado de plegar tu cara de tigre! Ahora puedes agregar las rayas, nariz y ojos de tu tigre. También puedes decidir que tal vez esto no sea un tigre y colorearlo como un jaguar, una pantera negra o un gato doméstico.

Dato curioso: El tigre es la especie más grande de la familia de gatos. Pueden alcanzar una longitud de hasta 11 pies y pesar hasta 660 libras. ¡Eso es un gato grande!

Sabías que... la palabra japonesa "kami" para papel también puede significar "espíritu" o "Dios". Esto se debe a que el origami se usó originalmente en ceremonias espirituales o religiosas. Hoy en día, se utiliza para todo tipo de cosas.

Capítulo 7: Cerdo (Cara)

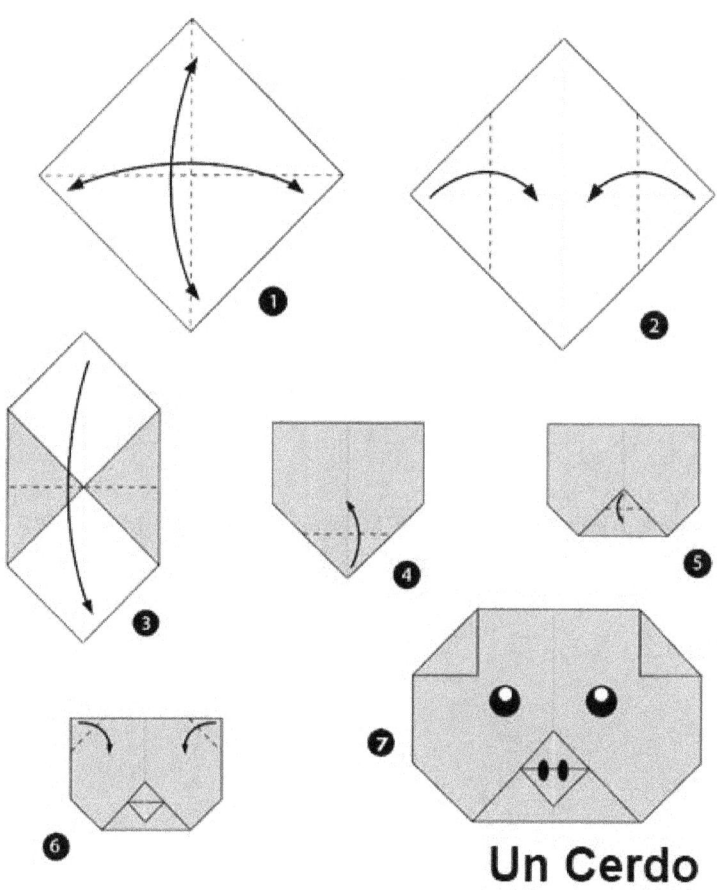

Un Cerdo

Oink! Oink! Aquí hay otra cara de animal adorable para agregar a tu colección. Al igual que el tigre, este cerdito es muy fácil de hacer. Comienza con el papel plano sobre la superficie de trabajo con el color o el lado del patrón hacia abajo, en forma de diamante.

Paso 1

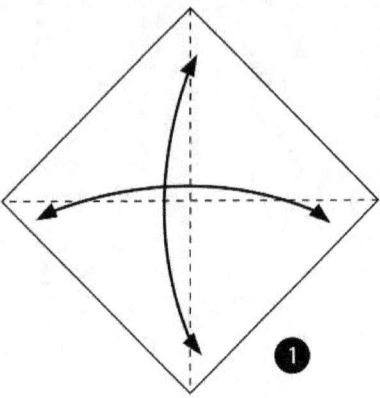

Dobla la esquina izquierda en línea recta hacia la derecha, como se muestra por la línea de puntos. Dobla bien, luego desdobla.

Pliegue #2: Dobla la esquina inferior hacia la parte superior, donde se muestran las líneas de puntos. Dobla bien y desdobla de nuevo.

Paso 2

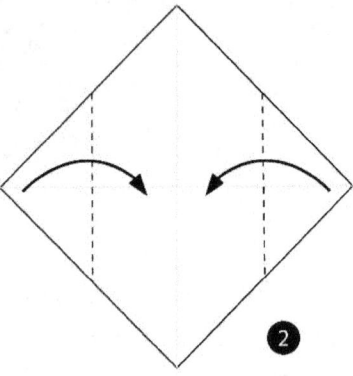

Ahora deberías tener pliegues donde se muestran las líneas grises sólidas en la imagen. Dobla la esquina izquierda hacia el centro, y dobla bien. Ahora dobla la esquina derecha de la misma manera, para que se encuentren en el centro.

Paso 3

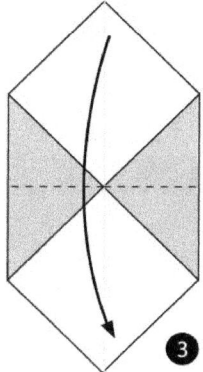

¿Ves la flecha en la imagen? Dobla la punta superior hasta la punta inferior, como se muestra por la flecha. Estás doblando el proyecto a la mitad.

Paso 4

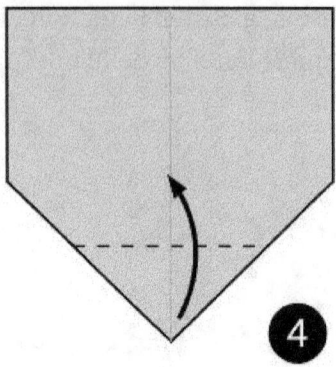

Dobla la punta inferior hacia arriba como se muestra en la imagen. Dobla bien.

Paso 5

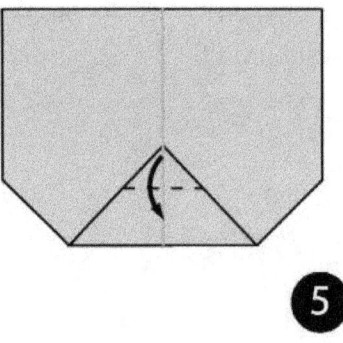

Dobla la punta superior hacia abajo, como se muestra en la imagen. Este va a ser el hocico de tu cerdo.

Paso 6

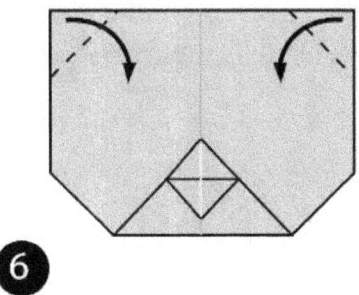

Dobla a lo largo de la línea de puntos en el lado izquierdo como se muestra, y repite lo mismo en el lado derecho. Estas son las orejas.

Paso 7

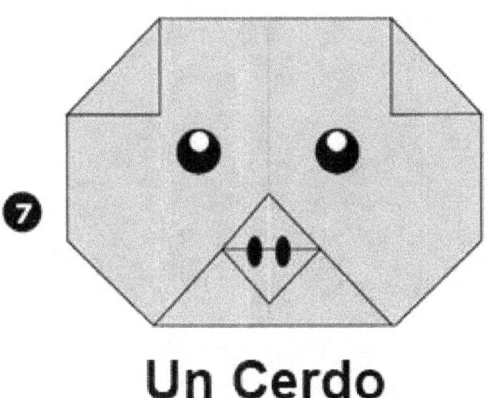

Un Cerdo

¡Y ya terminaste! Ahora puedes darle un poco de detalle a la cara de tu cerdo dibujando sus ojos y agujeros en su hocico.

Dato curioso: los cerdos son uno de los animales domesticados más inteligentes, ¡incluso más inteligentes que los perros!

Sabías que... el papel se inventó por primera vez en China en 105 CE. Primero fue hecho de la planta de cáñamo.

Capítulo 8: Bulldog (Cara)

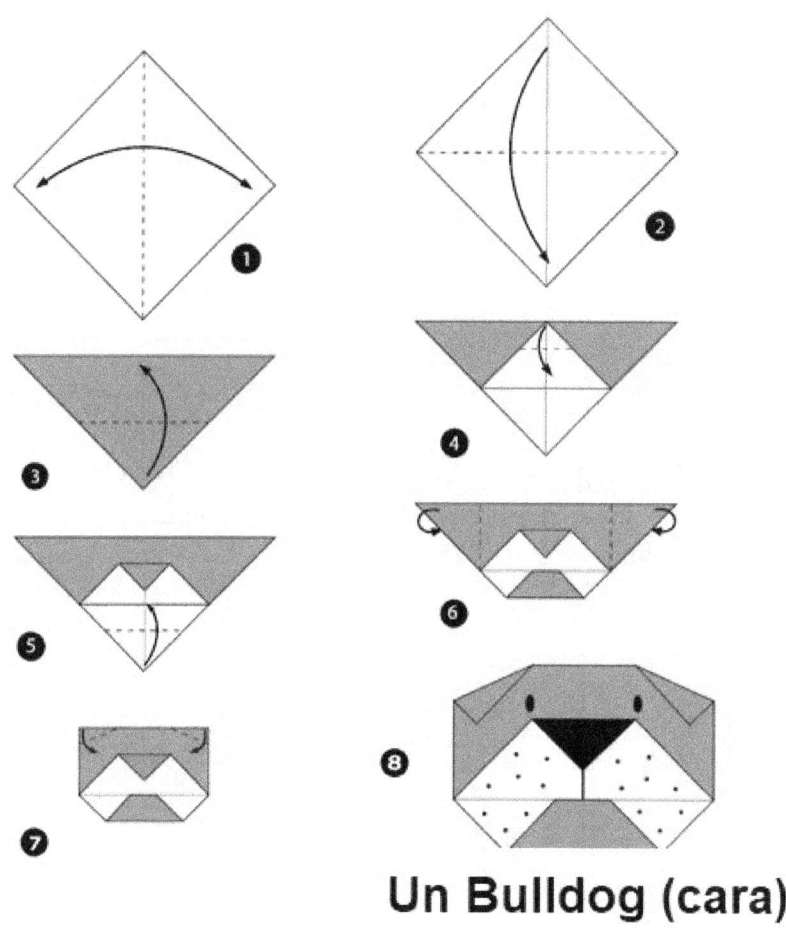

Un Bulldog (cara)

¡Hasta ahora, tenemos un tigre, un cerdo y ahora es el momento de agregar un perro a la mezcla! ¿Y qué mejor perro para agregar que un bulldog? Para hacer esta cosa tan adorable, comienza con el papel plano sobre la superficie de trabajo con el color o el lado del patrón hacia abajo y con el papel en forma de diamante.

Paso 1

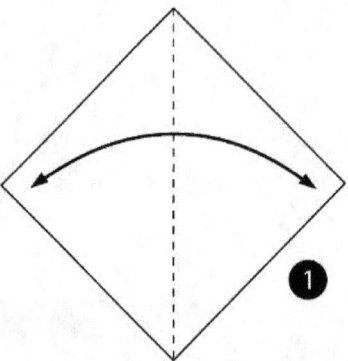

Dobla tu papel por la mitad a lo largo de la línea de puntos como se muestra, doblando por la mitad de izquierda a derecha. Dobla bien, luego desdobla.

Paso 2

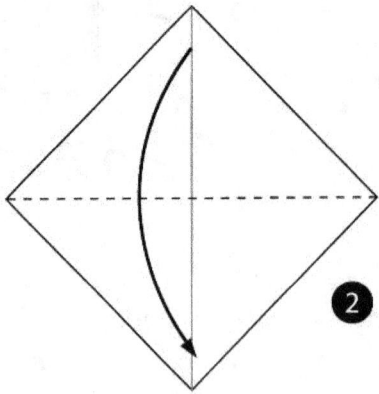

Tal como lo hiciste en el paso uno, doblarás el papel por la mitad nuevamente aquí, pero esta vez doblando de arriba a abajo, como se muestra. Dobla bien, y esta vez lo dejamos doblado.

Paso 3

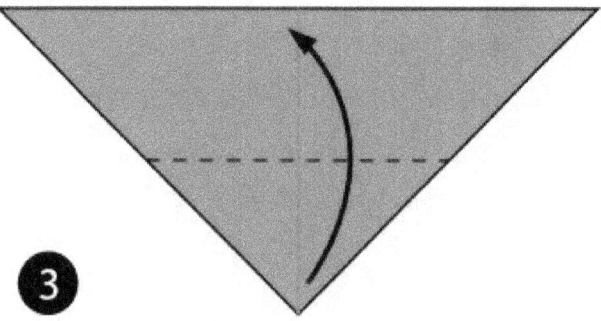

Dobla la capa superior de la punta inferior hacia arriba para que toque el borde superior. Puedes ver lo que quiero decir observando la imagen en el paso 4.

Paso 4

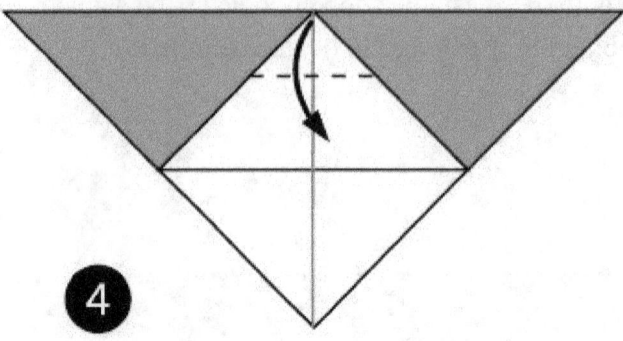

Ahora dobla la punta superior hacia el centro, como se muestra por la línea de puntos.

Paso 5

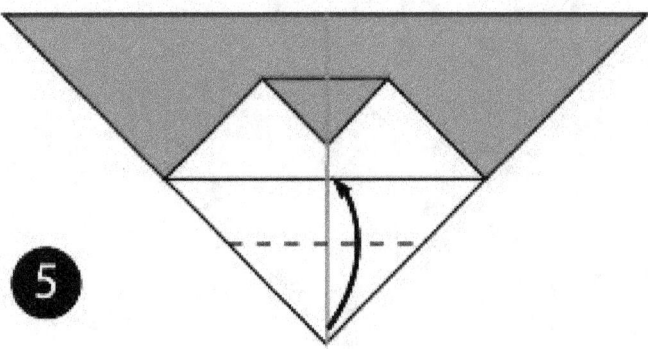

¿Ves la línea de puntos en este paso? Dobla la punta inferior hacia arriba a lo largo de la línea de puntos como se muestra, y dobla bien. Y luego coloca una pequeña porción del papel como se muestra en la siguiente imagen.

Paso 6

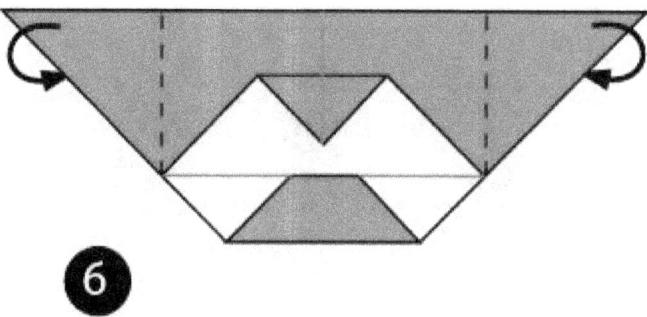

Dobla hacia atrás a lo largo de la línea de puntos en el lado izquierdo como se muestra. Luego repite este mismo pliegue en el lado derecho, para que coincidan.

Paso 7

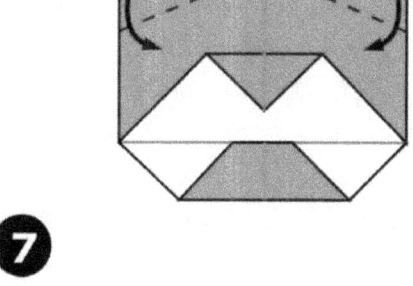

¿Ves las líneas de puntos en ambos lados? Dobla hacia abajo a lo largo de ellas como se muestra en la imagen.

Paso 8

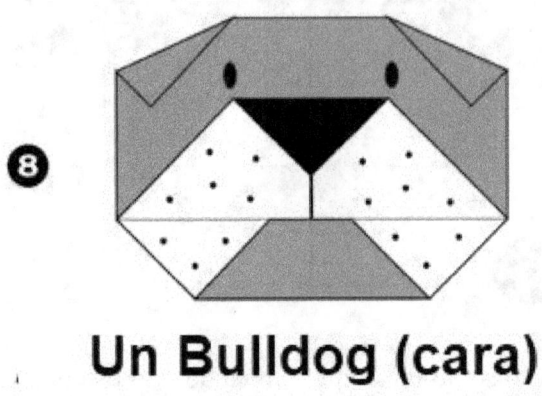

Un Bulldog (cara)

Tu cara de bulldog está lista para tener sus características y detalles dibujados. ¿Cómo se verá tu perro? Tal vez tenga ojos adormecidos, o los que estén bien despiertos. ¿Tiene tu perro una nariz negra o una rosa? ¡Tal vez tiene manchas!

Dato curioso: los Bulldogs son valientes, leales y tranquilos, lo que los convierte en grandes miembros de la familia de peludos. Son buenos perros guardianes, pero también les encanta estar cerca de su familia y abrazarlos.

Sabías que... el Origami tiene un fuerte vínculo con las matemáticas, y se ha utilizado para desarrollar cosas como las bolsas de aire en los autos.

Capítulo 9: Pez

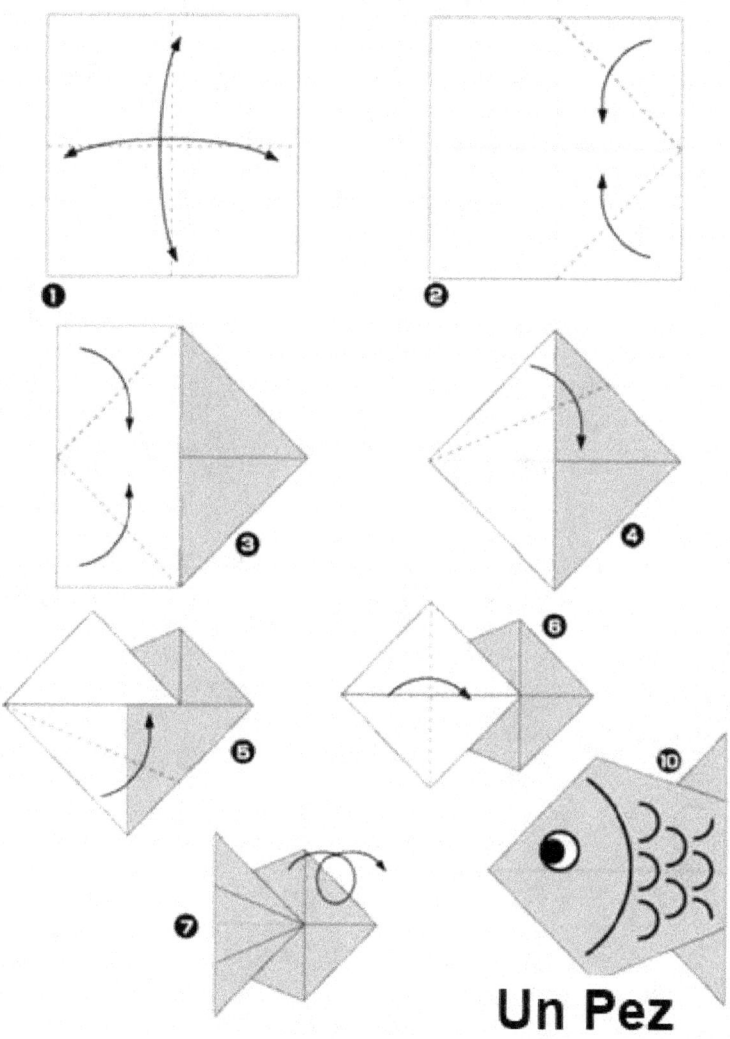

Un Pez

Como en la mayoría de los proyectos, comienza con el papel plano sobre la superficie de trabajo, con la cara de color (o patrón) hacia abajo. El color o patrón será el color de tu pez. Posiciona tu papel para que sea un cuadrado.

Paso 1

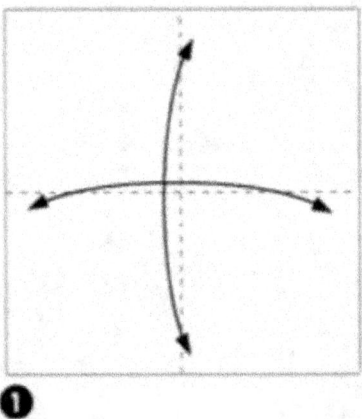

Dobla por la mitad de arriba a abajo, a través de las líneas de puntos. Dobla bien, y desdobla. Ahora dobla por la mitad de izquierda a derecha, dobla bien y desdobla de nuevo. Este paso es muy fácil, simplemente estás haciendo dos pliegues y luego desdoblándolos. ¡Este es tu primer paso para crear tu pez!

Paso 2

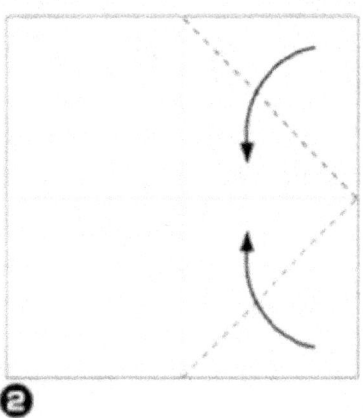

¿Ves las líneas de puntos en la imagen? Ahora debes tener una forma de cruz en el centro del papel donde se formaron los pliegues; estos se muestran con las líneas grises. Dobla la esquina inferior derecha hasta el centro de la cruz. Haz lo mismo con la esquina superior derecha, doblando también la esquina superior derecha hacia el centro.

Paso 3

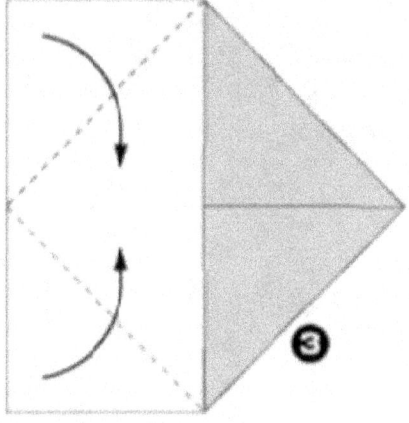

Repite los pliegues tercero y cuarto en el lado izquierdo del papel, como se muestra en la imagen, pero en lugar de doblarlos para que se unan en la parte delantera, dóblalos hacia atrás hasta el centro de la cruz en la parte posterior. Ahora deberías tener un cuadrado doblado que es la mitad de un color, y la mitad de otro (si la parte frontal y posterior de su papel son de diferentes colores, por supuesto).

Paso 4

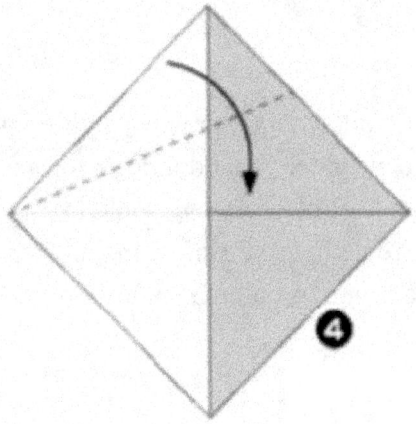

Siguiendo la flecha, dobla a través de la línea de puntos haciendo que el borde se junte en el medio. Esto hará que la parte que doblas hacia atrás forme una "solapa" en la parte frontal.

Paso 5

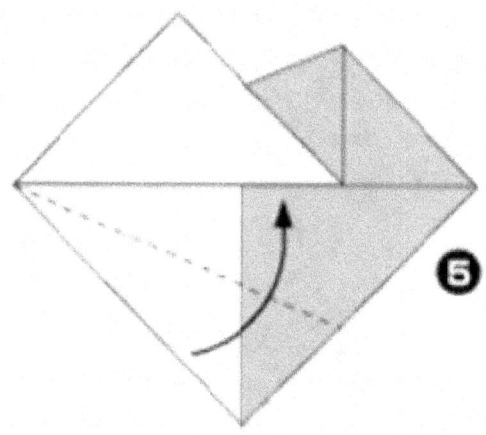

Repite el paso cuatro en el lado inferior izquierdo, como se muestra, doblando la esquina inferior hacia el centro, siguiendo la línea de puntos. Esto formará una segunda "solapa". Ambas solapas juntas ahora forman un cuadrado.

Paso 6

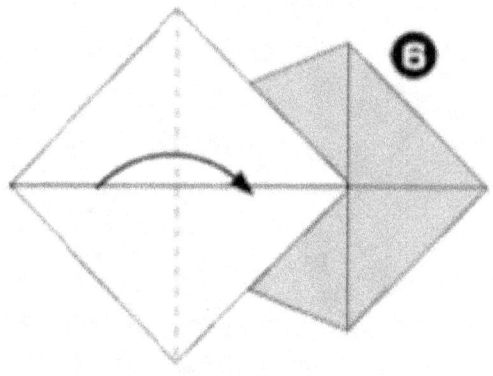

Ahora dobla la punta izquierda del cuadrado formado por las solapas para encontrar la otra punta del cuadrado.

Paso 7

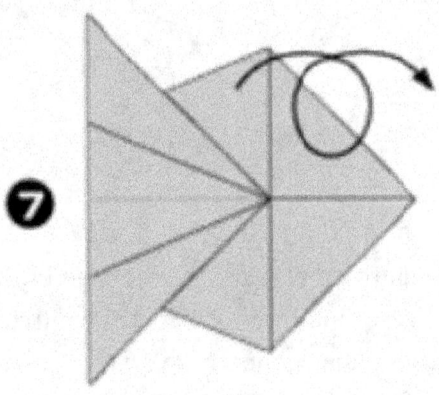

Da la vuelta a toda la pieza.

Paso 8

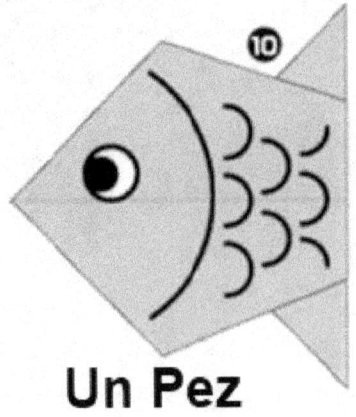

Un Pez

¡Ta-da! ¡Todo listo! ¡Has hecho tu primer pez origami! Ahora puedes personalizar tu pez a tu gusto. ¡Tal vez incluso puedas hacer algunos peces amigos!

Dato curioso: ¡Los peces han existido por más de 450 millones de años, incluso antes que los dinosaurios!

Sabías que... el primer libro sobre el origami se publicó en 1797. Se llamaba 'Sembazuru Orikata' (plegado de las mil grullas) y fue escrito por Akisato Rito. En lugar de instrucciones para plegar papel, el libro hablaba de las diferentes costumbres y tradiciones culturales de Japón.

Capítulo 10: Búho

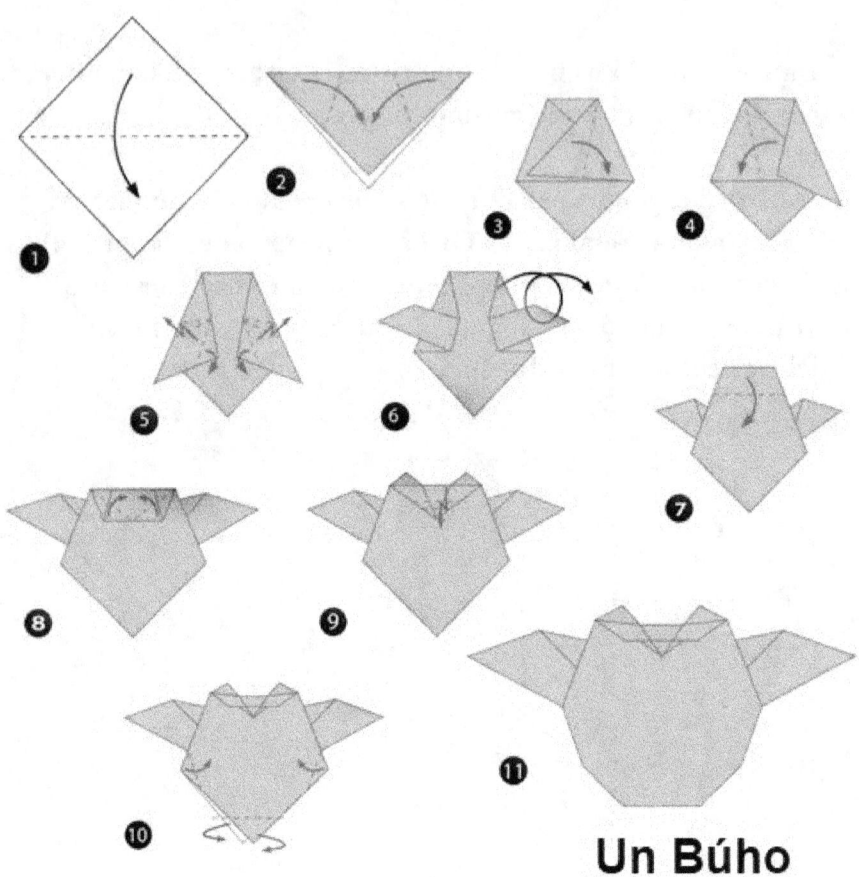

Un Búho

Comienza con el papel plano en la superficie, con el color (o el patrón) hacia abajo, con la forma de un diamante. Al igual que nuestros otros animales, el color o patrón hacia abajo pronto se convertirá en el color de las "plumas" de tu búho.

Paso 1

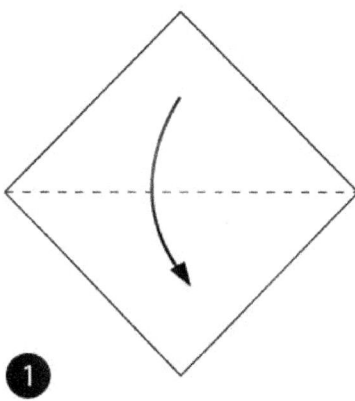

Dobla tu papel por la mitad de arriba a abajo, como se muestra por la línea de puntos.

Paso 2

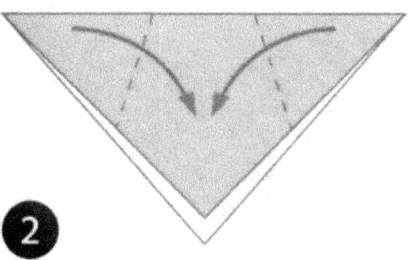

¿Ves las líneas de puntos y las flechas? Dobla la esquina izquierda de manera que la punta toque el borde opuesto, como se muestra en la imagen de abajo. Luego haz lo mismo con la esquina derecha, para que se superpongan en el centro. Recuerda doblar bien.

Paso 3

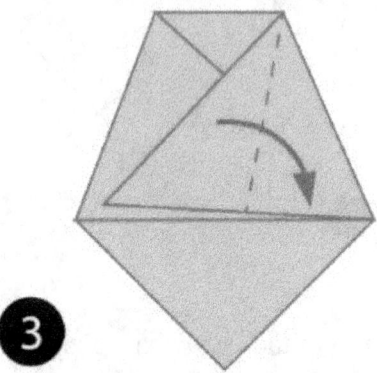

Dobla hacia atrás a lo largo de la línea de puntos siguiendo la dirección de la flecha, como se muestra en la imagen. Puedes ver cómo debería verse en el paso 4.

Paso 4:

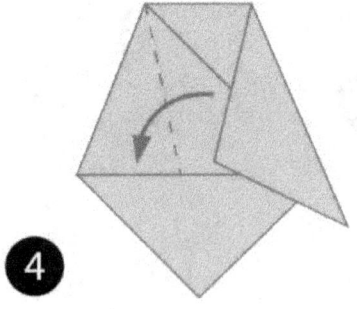

Al igual que en el paso tres, dobla la solapa que descansa debajo del lado que acabas de doblar siguiendo las líneas de puntos nuevamente. Estas son las alas de tu Búho.

Paso 5

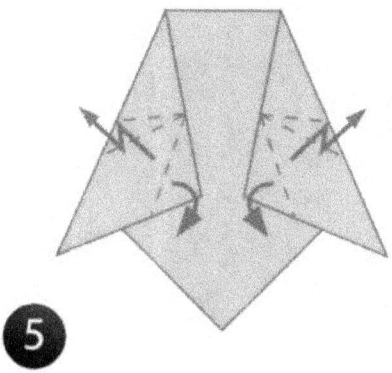

Ahora tenemos que terminar las alas. Echa un vistazo a las líneas de puntos que están más hacia el centro de tu pieza, junto con las dos flechas en el centro. Dobla cada punta hacia atrás y debajo del resto de las solapas. Dobla bien ¿Ahora ves las líneas de puntos restantes con las flechas en zig-zag en cada lado? Realiza un pliegue escalonado en el lado izquierdo y luego repita en el lado derecho. Puedes mirar la imagen en el paso 6 para ver cómo debería verse.

Paso 6

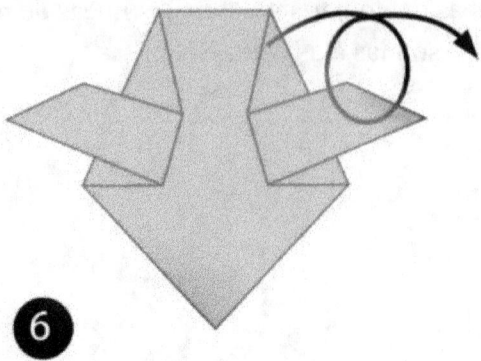

¡Ok, esto no es realmente un pliegue! Solo da vuelta a la pieza entera de origami. ¡Muy fácil!

Paso 7

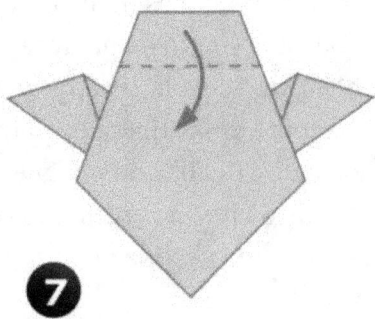

Dobla la parte superior hacia abajo, como muestra la línea de puntos y la flecha. ¡Dobla bien aquí, estamos haciendo la cara del búho!

Paso 8

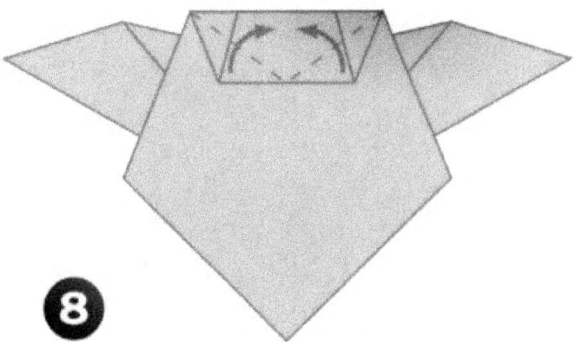

Sigue las líneas de puntos a la izquierda y dobla la esquina hacia arriba para que toque el borde superior. Repite esto para el lado derecho. Dobla bien

Paso 9

Esto puede parecer un poco complicado porque está en un área pequeña, pero realmente no lo es. Esto es sólo un pliegue escalonado.

Recuerda que siempre puedes consultar la sección de pliegues hacia el comienzo del libro si necesitas actualizar tu memoria.

Paso 10

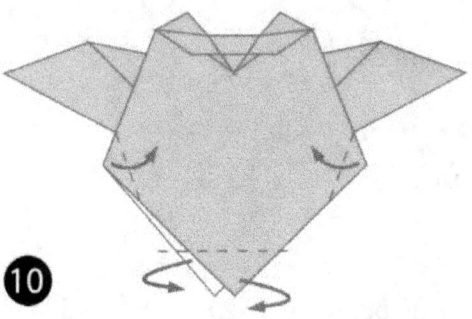

¿Ves las flechas en cada esquina lateral? Dobla estas dos esquinas hacia atrás a lo largo de las líneas de puntos y pliega bien. Ahora, ¿Ves cómo hay dos capas de papel en la parte inferior? Dobla la capa superior hacia atrás para que esté doblada hacia adentro. Luego dobla la capa inferior restante hacia arriba para que también quede en el interior.

Paso 11

Un Búho

¡Ta-da! ¡Tu búho ya está completo! Puedes agregar algunas líneas de textura para las plumas, o dejarlas como están. Dibuja algunos rasgos faciales y decora tu búho como quieras. ¡Diviértete!

Dato curioso: ¡No hay búhos en la Antártida! Hace demasiado frío, incluso para ellos. ¿Puedes pensar en algunos animales que viven en la Antártida? ¿Hay alguno en este libro?

Sabías que... el Libro Guinness de los Récords Mundiales tiene docenas de registros relacionados con el arte del origami, como el objeto que se hizo con más pliegues, el más pequeño y el más grande, el tiempo más rápido para plegar 100 grullas y más.

Capítulo 11: Murciélago

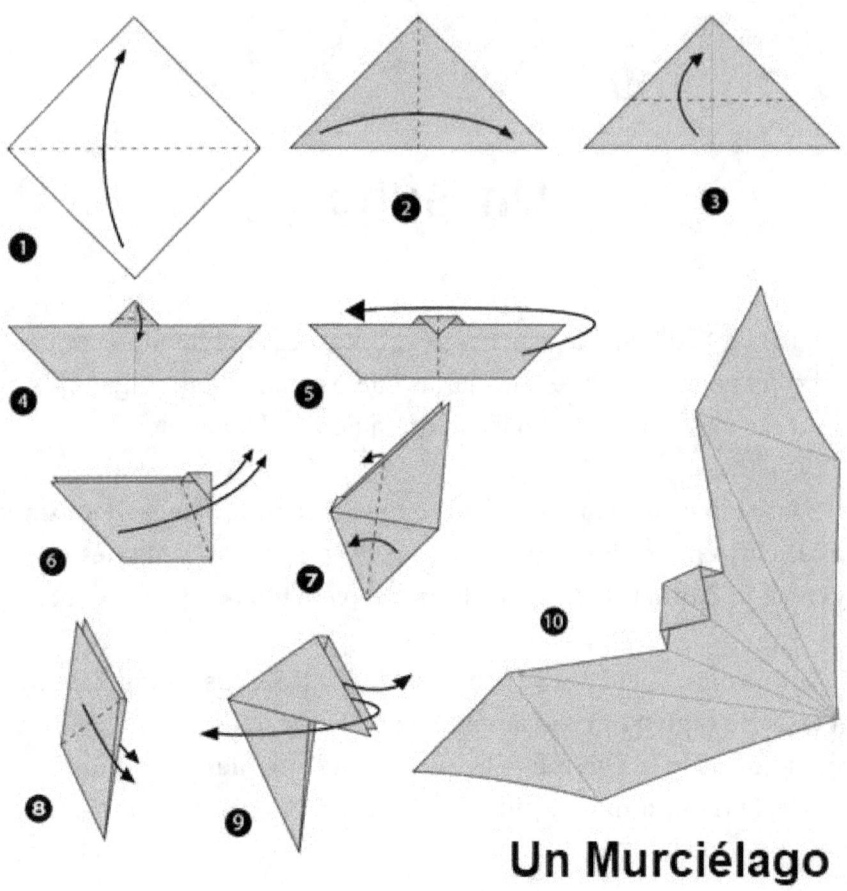

Un Murciélago

Comienza con tu hoja de papel cuadrada plana sobre la superficie de trabajo con el lado del color (o patrón) hacia abajo (este será el exterior o el color del "pelaje" de tu murciélago). Colócalo en forma de diamante (recuerda que también puedes seguir las instrucciones de la imagen).

Paso 1

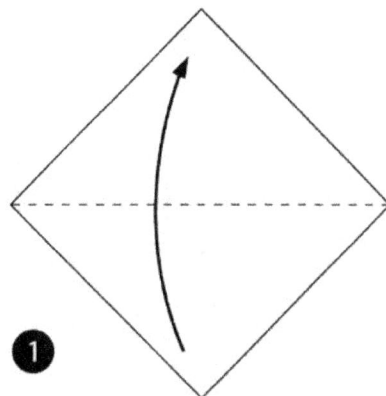

Dobla tu papel por la mitad desde la esquina inferior a la esquina superior. Ahora tendrás un triángulo.

Paso 2

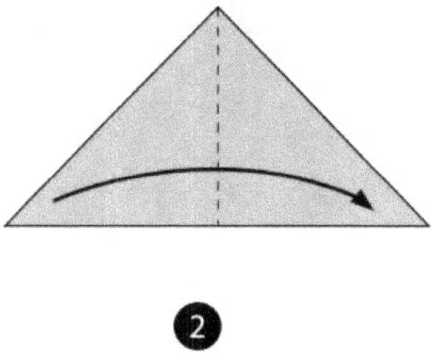

Dobla la esquina izquierda del triángulo para encontrar la esquina derecha (en la mitad de izquierda a derecha). Dobla bien, y luego desdobla esto para que vuelva a ser un triángulo.

Paso 3

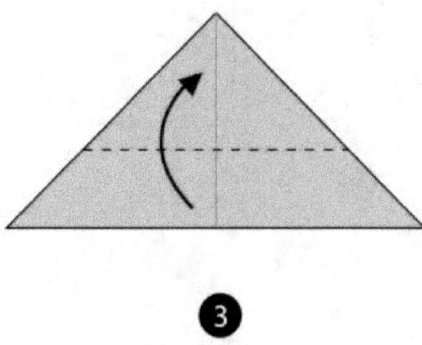

Dobla la mitad inferior del triángulo hacia arriba, dejando un poco de la punta superior del triángulo asomándose (échale un vistazo a la imagen para ver a qué me refiero). Dobla bien

Paso 4

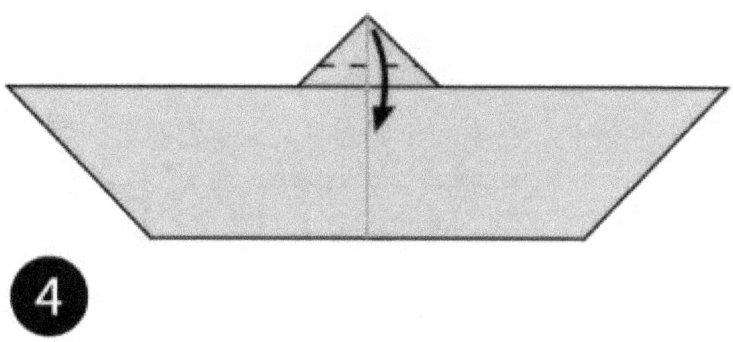

Dobla hacia abajo la punta superior que dejaste asomada por la mitad de arriba hacia abajo para que se superponga a la otra pieza que acabas de doblar (ve la imagen a continuación). ¡Esta va a ser la carita linda de tu murciélago!

Paso 5

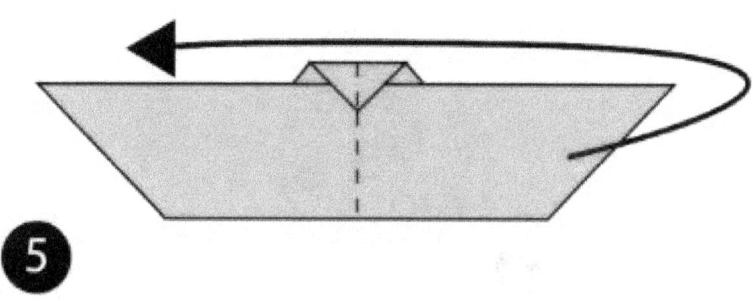

Dobla por la mitad desde la esquina restante a la derecha de vuelta a la izquierda. Dobla bien.

Paso 6

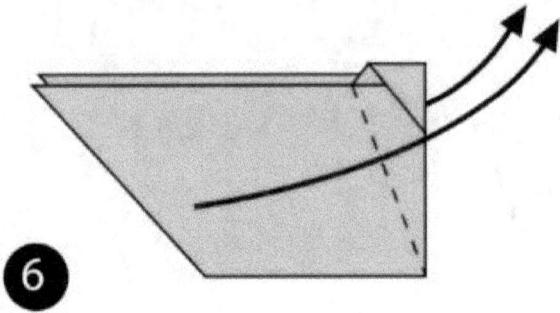

Dobla el ala superior una y otra vez (sigue la línea de puntos). Repite este proceso en el otro lado de la otra ala.

Paso 7

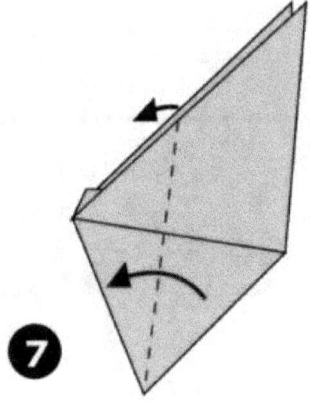

Dobla por la mitad, tomando el lado derecho hacia la izquierda (nuevamente, sigue la línea de puntos en la imagen).

Paso 8

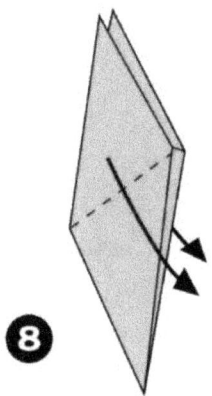

Dobla la punta superior por la mitad. Repite este pliegue para la punta superior en el otro lado.

Paso 9

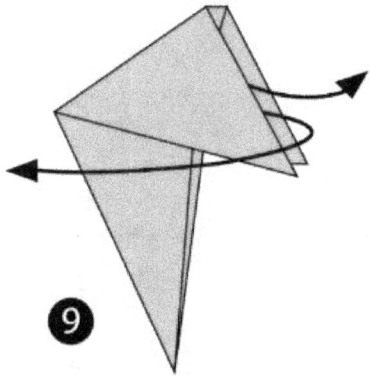

¿Ves las flechas en la imagen? Hala de cada lado como se muestra en cada dirección de las flechas.

Paso 10

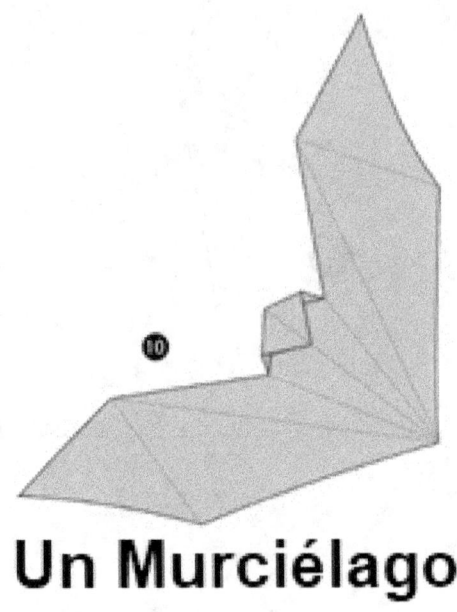

Un Murciélago

¡Aplana las cosas y echa un vistazo! ¡Ya has terminado! Puedes decorar tu murciélago, dibujar una cara y otros detalles, o dejarlo como está.

Dato curioso: hay más de 1000 variedades diferentes de murciélagos. ¿Cuál es el más parecido a tu murciélago de origami?

Sabías que... antes de "origami", la práctica del plegado de papel se llamaba "orikata", que significa "forma plegada".

Capítulo 12: Cachorro de Oso

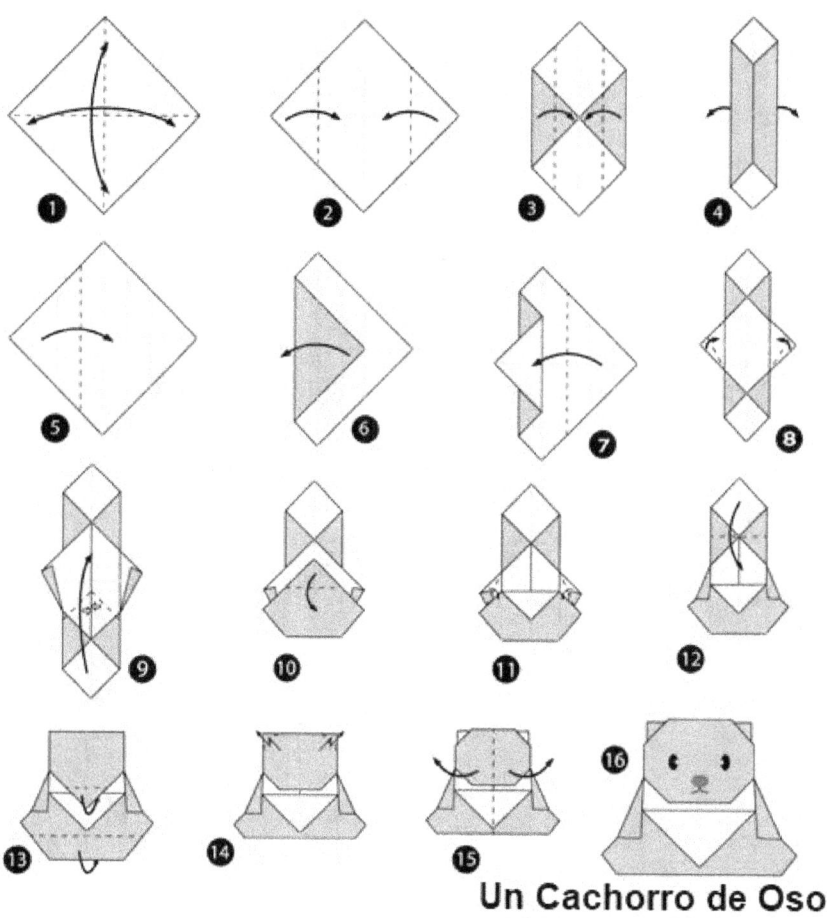

Un Cachorro de Oso

Comienza con el papel plano sobre tu superficie, con el color (o patrón) con la cara hacia abajo, en forma de diamante. El lado coloreado será el exterior de tu lindo cachorro de oso.

Paso 1

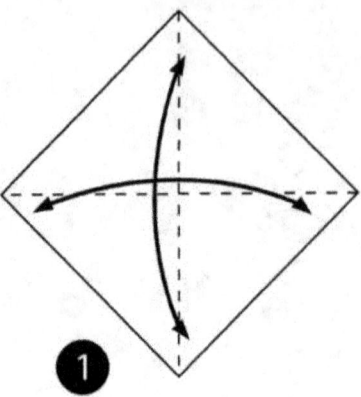

Dobla por la mitad desde la esquina izquierda a la derecha, desdobla. Ahora dobla por la mitad de arriba a abajo y desdobla. Tendrás otra cruz en el centro como muchos de nuestros otros proyectos.

Paso 2

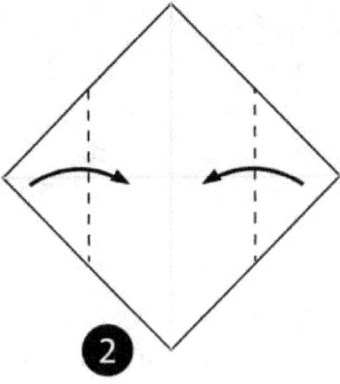

Dobla las esquinas izquierda y derecha para que se unan en el centro del pliegue central, como se muestra en la imagen.

Paso 3

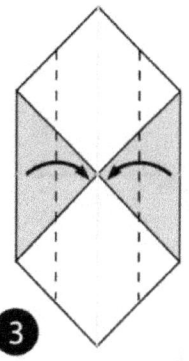

Dobla el borde izquierdo hasta el pliegue central y repite para el borde derecho.

Paso 4

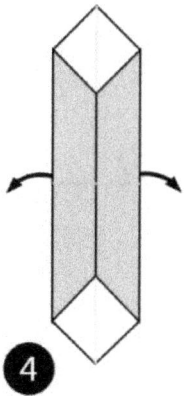

Desdobla todos los pliegues que has hecho hasta ahora. ¡Sé que parece extraño, pero confía en mí!

Paso 5

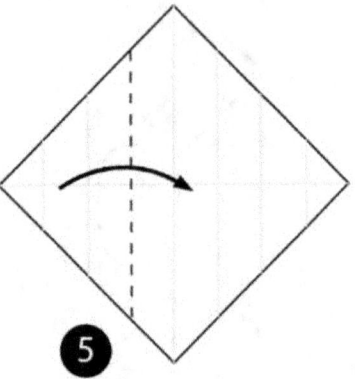

¿Ves todos los pliegues que has hecho? Hay ocho, todos juntos. Ahora, dobla la esquina izquierda a lo largo de la línea de puntos como se muestra, de modo que la punta se apoye en el sexto pliegue contando desde la izquierda.

Paso 6

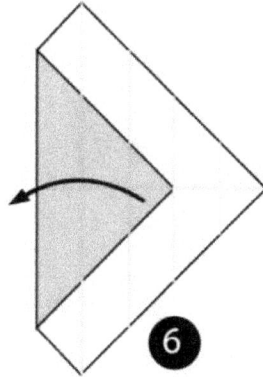

Dobla la solapa superior hacia la izquierda a lo largo del pliegue central como se muestra en la imagen.

Paso 7

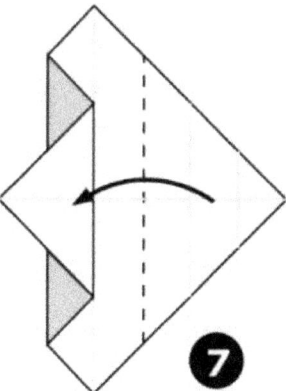

Repite los pasos 5, 6 y 7 en el lado derecho para que coincida con el izquierdo.

Paso 8

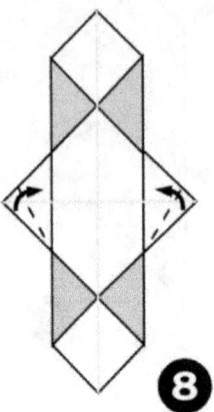

¿Ves las líneas de puntos? Dobla cada esquina siguiendo las líneas de puntos que se muestran.

Paso 9

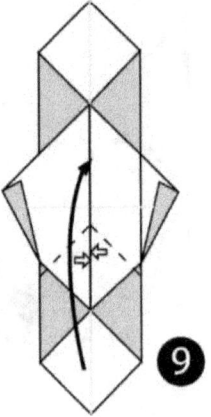

¿Ves las flechas blancas? ¡Sí, es otro pliegue de calabaza! ¡Ya te estás volviendo bueno en esto! Abre los bolsillos ligeramente donde están ubicadas las flechas blancas y al doblar la esquina inferior hacia arriba, los bolsillos deberían abrirse al mismo tiempo y luego aplánalos al completar el pliegue. Ve la imagen de abajo para confirmar.

Paso 10

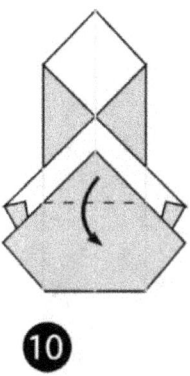

Sigue la flecha, doblando hacia abajo a lo largo de la línea de puntos.

Paso 11

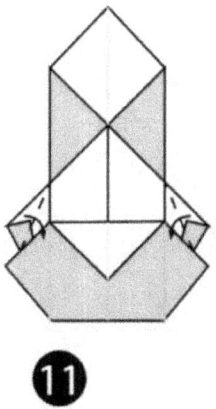

Levanta el lado izquierdo para abrirlo un poco y dóblalo hacia adentro y hacia arriba, como se muestra en la imagen. Repite en el lado derecho. Estos harán los brazos pequeños de oso.

Paso 12

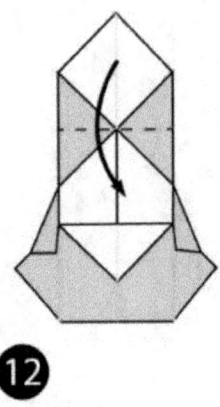

Dobla la punta superior hacia abajo a lo largo de la línea de puntos. Ve la imagen de abajo para confirmar.

Paso 13

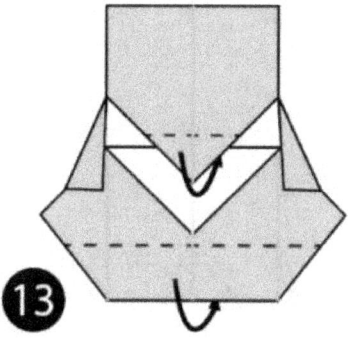

¿Ves la línea de puntos en la parte superior? Dobla hacia atrás a lo largo de la línea de puntos, metiendo debajo. Dobla hacia atrás a lo largo de la línea de puntos inferior también.

Paso 14

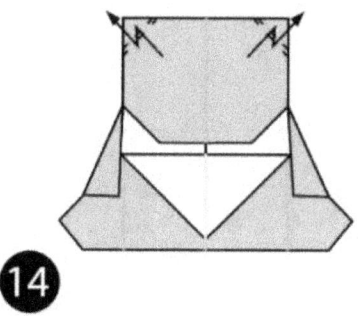

Levanta el borde izquierdo un poco hacia arriba y dobla hacia adentro a lo largo de la línea de puntos, sin dejar de lado la punta. Esto a veces se denomina plegado escalonado porque forma un "escalón"

como una escalera; consulta el capítulo de "pliegues" si es necesario. Repite esto en el lado derecho.

Paso 15

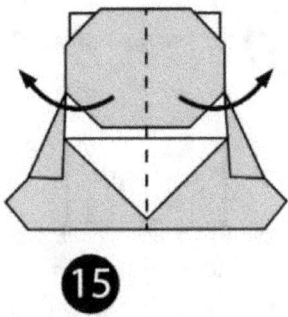

Dobla toda la pieza por la mitad haciendo un pliegue en el medio, luego desdobla nuevamente.

Paso 16

Un Cachorro de Oso

Dibuja la cara de tu cachorro de oso, ¡y estás listo para domesticar! Dale a tu oso un bonito collar o una pajarita (¡quizás este cachorro sea elegante!) Y déjalo que se una a tus otros amigos animales.

Dato curioso: los osos tienen un sentido del olfato extremadamente bueno, mejor que los perros, y tal vez incluso mejor que cualquier otro animal.

Sabías que... la grulla de origami se ha convertido en un símbolo internacional para la paz. Una organización llamada "Wings for Peace" (Alas por la Paz) hizo la grulla de papel más grande del mundo en 1999. Tenía 1.750 libras y 215 pies de altura.

Capítulo 13: León

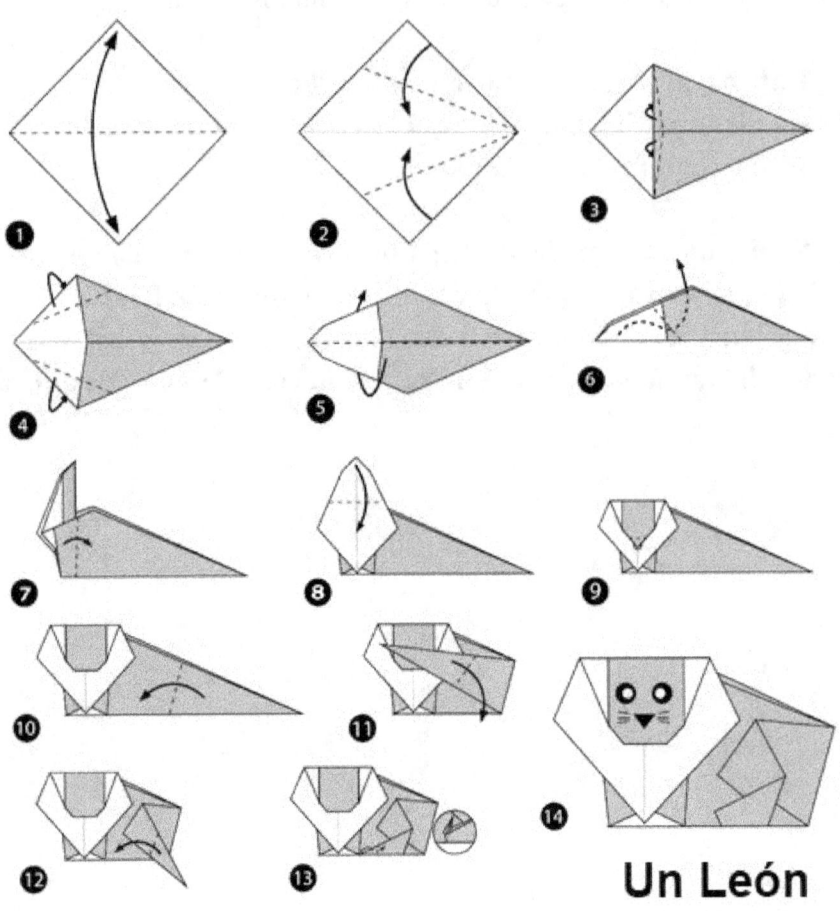

Un León

Los tigres reales y leones no se llevan bien, ¡pero este león de papel puede ser el mejor amigo de tu tigre de papel! Comienza con el papel plano sobre la superficie de trabajo con la forma de un diamante, con el color (o el patrón) hacia abajo. Este color pronto será el color del "pelaje" de tu león.

Paso 1

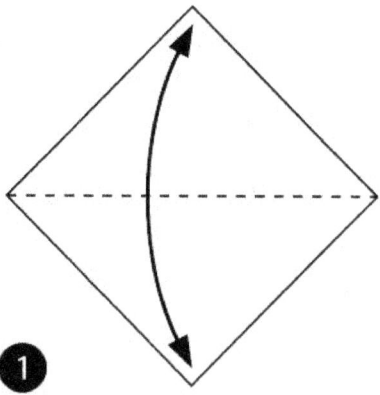

Dobla la esquina superior hasta la parte inferior, como se muestra en la imagen, luego desdobla nuevamente.

Paso 2

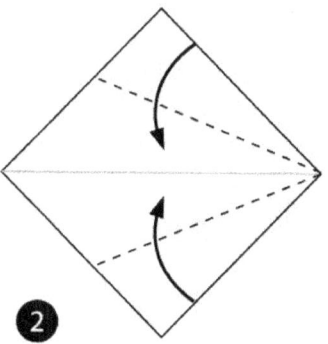

¿Ves las líneas de puntos? Dobla a lo largo de ellas para que los bordes se junten en el pliegue central.

Paso 3

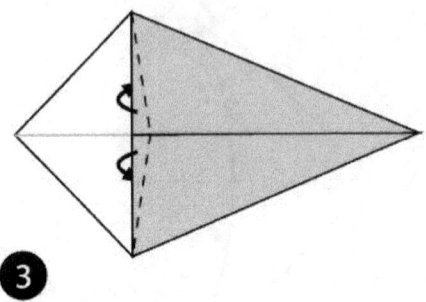

Dobla a lo largo de las líneas de puntos, pero doblando hacia atrás metiendo hacia adentro.

Paso 4

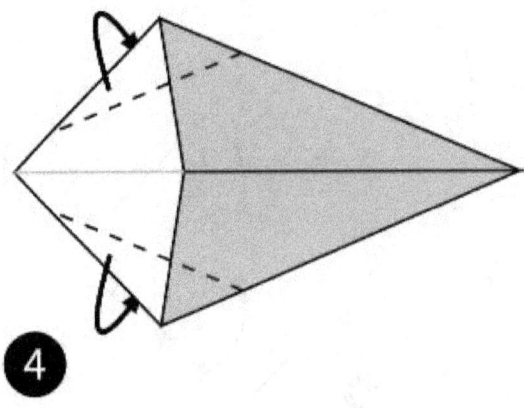

¿Ves las líneas de puntos? Dobla hacia atrás a lo largo de ellas.

Paso 5

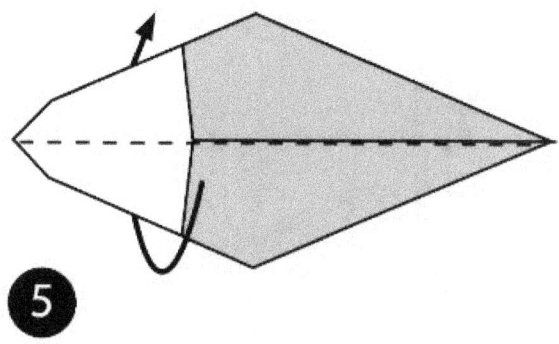

Dobla por la mitad como se muestra, doblando la mitad inferior debajo.

Paso 6

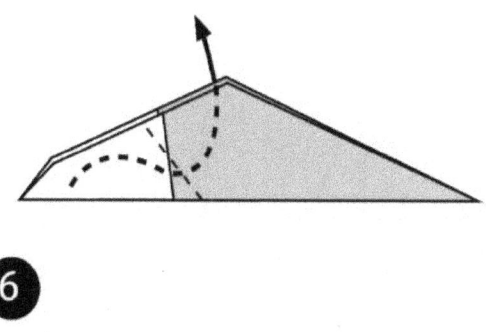

Dobla hacia arriba y hacia el interior, empujando hacia adentro, como se muestra en la imagen (este es el pliegue de calabaza nuevamente).

Paso 7

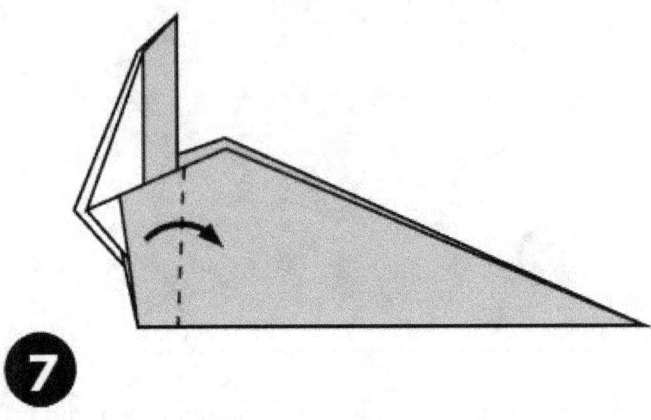

Dobla la solapa superior a lo largo de la línea de puntos como se muestra.

Paso 8

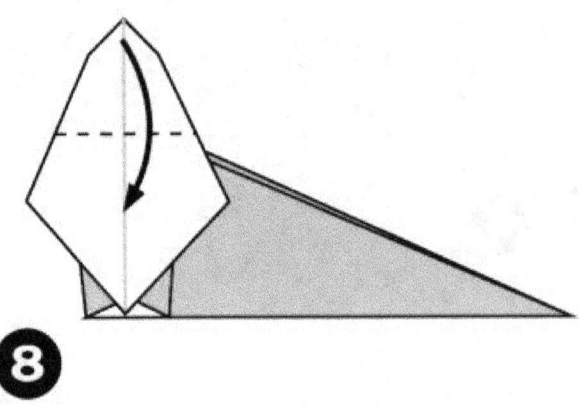

Dobla hacia abajo en la línea de puntos como se ve en la imagen.

Paso 9

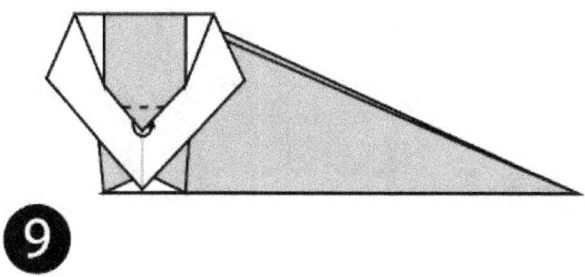

¿Ves la línea de puntos? Dobla el pequeño punto hacia atrás, metiéndolo como se muestra en la imagen.

Paso 10

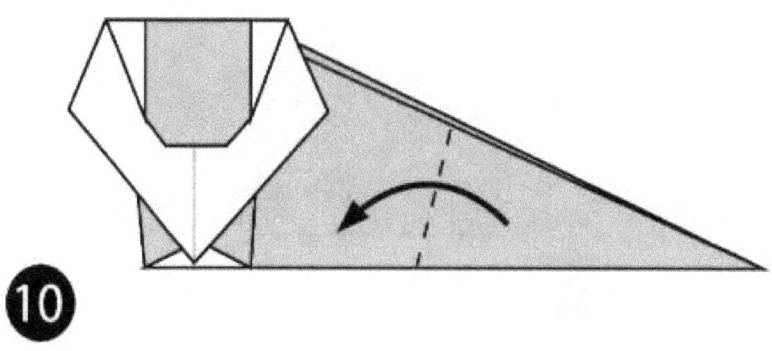

Siguiendo la línea de puntos, dobla la punta desde la derecha hacia la izquierda.

Paso 11

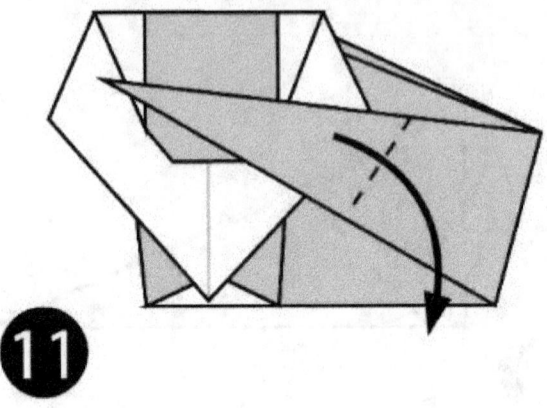

Sigue la línea de puntos nuevamente, doblando la punta hacia abajo y hacia la derecha.

Paso 12

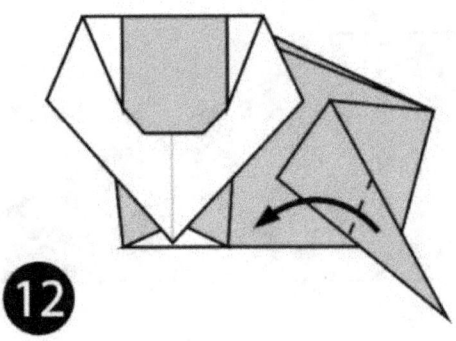

Una vez más, dobla la punta hacia arriba y hacia la izquierda para que se alinee a lo largo del borde inferior.

Paso 13

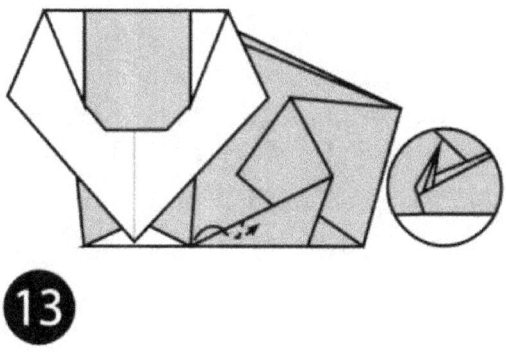

Dobla la punta hacia adentro, metiéndola.

Paso 14

Un León

¡Felicidades! Dibuja la cara de tu león, decora su melena y dale un nombre.

Dato curioso: tanto los machos como las hembras pueden rugir. ¡Su rugido se puede escuchar hasta cinco millas de distancia!

Sabías que... el origami se ha convertido en una forma de arte tan popular que ahora existen varias asociaciones de origami que se han formado en todo el mundo. Existe el Origami Center of America (Centro de Origami de América) y la British Origami Society (Sociedad Británica de Origami), entre otros. La mayoría de las grandes ciudades ahora tienen "maestros de origami".

Capítulo 14: Pingüino

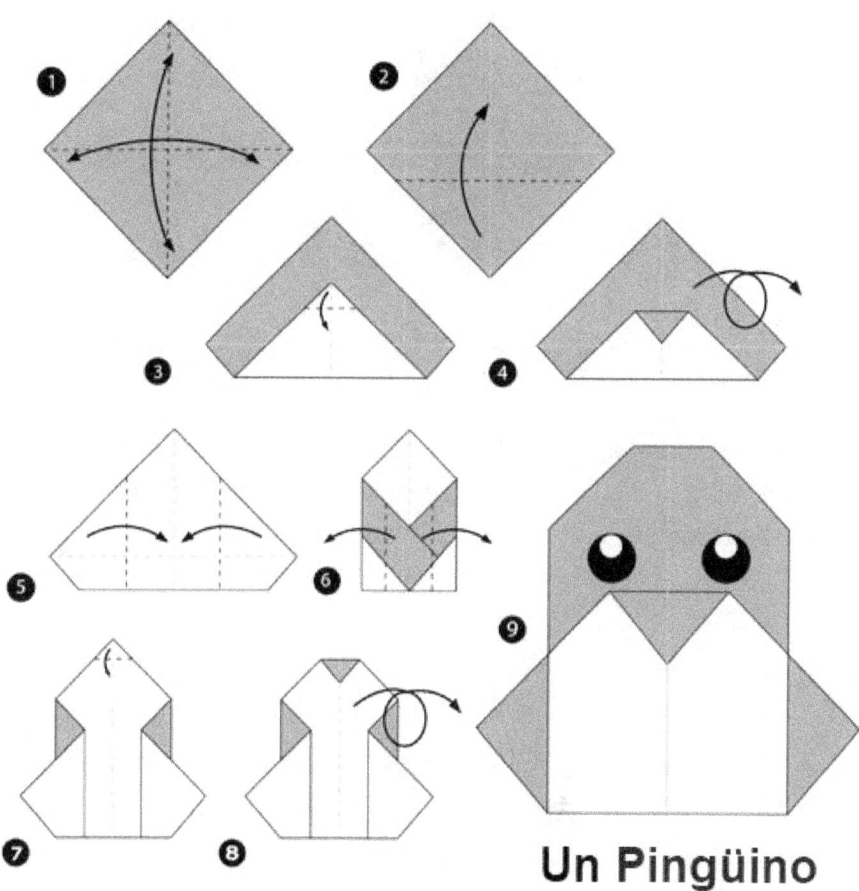

Un Pingüino

¿Los pingüinos fueron uno de los animales que adivinaste que viven en la Antártida? Sin embargo, este papel no tiene que vivir en un clima frío. ¡Tal vez este pingüino sea un pingüino tropical! Comienza con el papel plano sobre la superficie de trabajo con el lado del color (o patrón) hacia arriba. Coloca tu papel de manera que tenga la forma de un diamante.

Paso 1

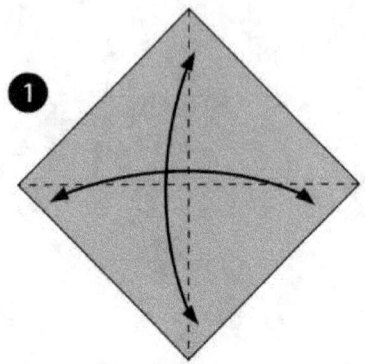

Dobla la esquina izquierda hacia la derecha, doblando por la mitad, luego desdóblala nuevamente. Repite esto con la parte inferior doblada hasta la parte superior. Desdobla una vez más.

Paso 2

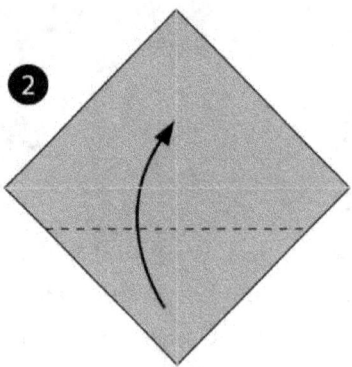

Siguiendo la línea de puntos, dobla la esquina inferior hacia arriba, doblando donde se ve la línea de puntos en la imagen.

Paso 3

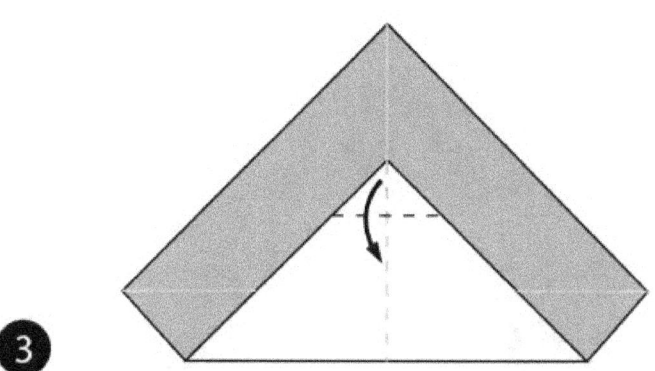

Siguiendo la línea de puntos, dobla la punta superior hacia abajo como se muestra.

Paso 4

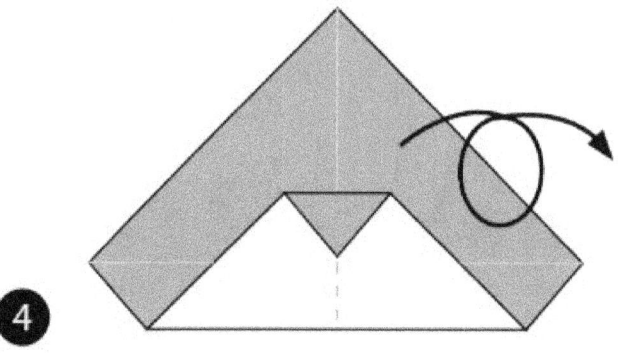

Da la vuelta a la pieza entera.

Paso 5

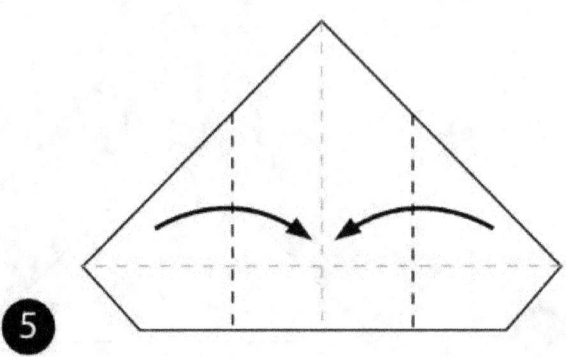

Dobla la esquina izquierda un poco más allá de la línea central, como se muestra. Luego dobla la esquina derecha de la misma manera. Las dos se superpondrán un poco en el medio.

Paso 6

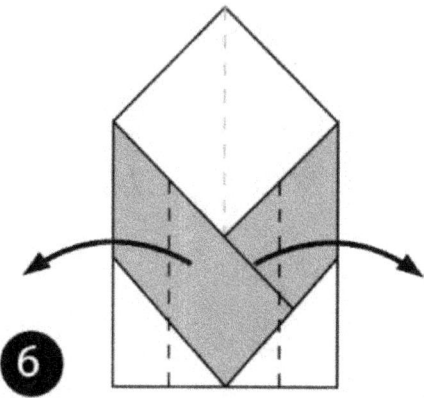

Sigue las flechas y dobla a lo largo de las líneas de puntos, haciendo primero el lado izquierdo, luego el derecho.

Paso 7

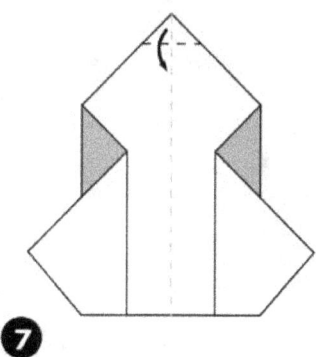

Dobla la punta superior hacia abajo, como se muestra.

Paso 8

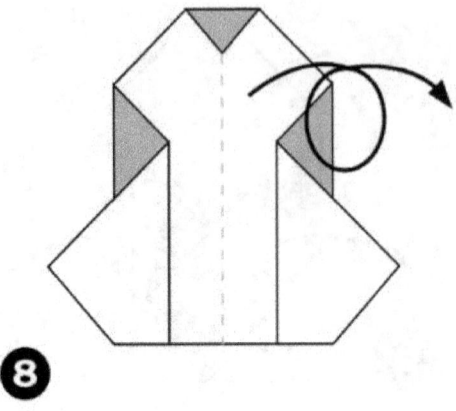

Da la vuelta a la pieza entera.

Paso 9

Un Pingüino

¡Wow! ¡Ya has terminado! Dibuja los ojos, colorea el pico, y tal vez dale a tu pingüino una bufanda para mantenerlo abrigado. A menos que tu pingüino sea realmente tropical, entonces ¡quizás le des un traje de baño y una bebida fría!

Dato curioso: hay muchas variedades de pingüinos. Por ejemplo, los pingüinos emperador son las especies más altas, con aproximadamente 4 pies de altura. El más pequeño es el pingüino pequeño azul, que mide aproximadamente 16 pulgadas. La especie de pingüino más rápida es el pingüino gentoo, que puede nadar hasta 22 millas por hora.

Sabías que ... Akira Yoshizawa es a menudo considerado el Gran Maestro del origami. Él creó más de 50.000 modelos de origami. También inventó un método llamado plegado en húmedo y desarrolló un método para dibujar instrucciones de origami.

Capítulo 15: Ornitorrinco

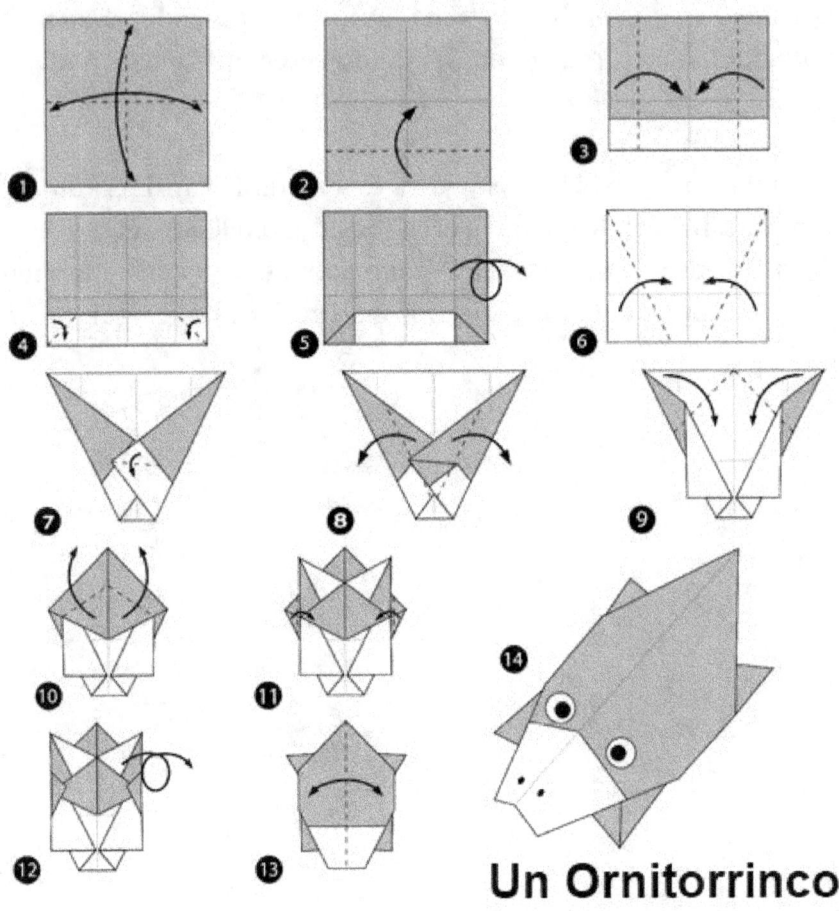

Un Ornitorrinco

¿Alguna vez has oído hablar de un ornitorrinco? ¡Es una criatura muy singular! Para este animal, en lugar de poner el color del papel boca abajo, colócalo plano sobre la superficie de trabajo en forma de un cuadrado con la cara de color hacia arriba.

Paso 1

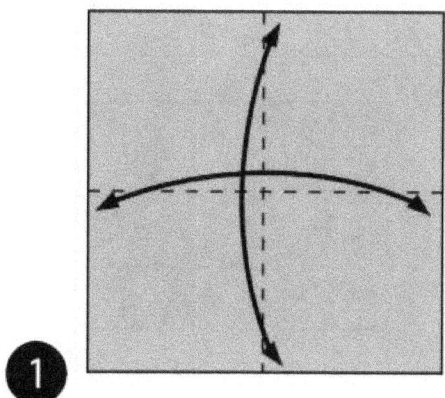

Dobla el borde superior hasta el borde inferior y desdóblalo nuevamente. Repite esto con el borde izquierdo hacia el borde derecho y desdobla de nuevo.

Paso 2

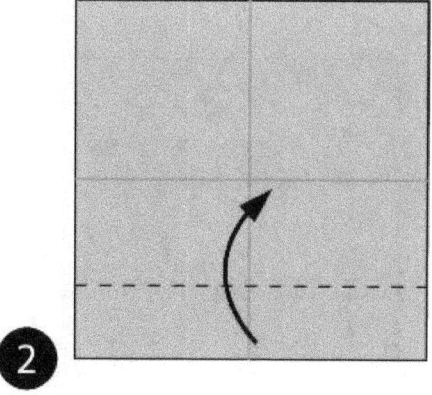

Siguiendo la línea de puntos, dobla hacia arriba casi hasta el pliegue central, pero no del todo.

Paso 3

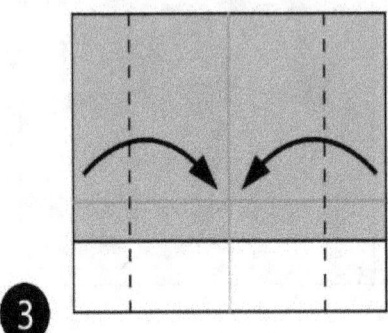

Dobla el borde izquierdo y luego el borde derecho hacia el pliegue central para que se encuentren y luego se desdoblan nuevamente.

Paso 4

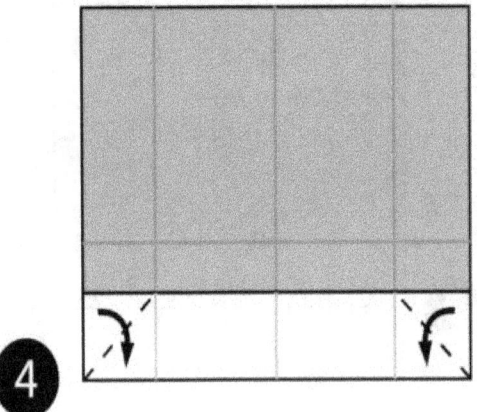

Siguiendo las líneas de puntos, dobla las esquinas izquierda y derecha hasta el borde inferior como se muestra.

Paso 5

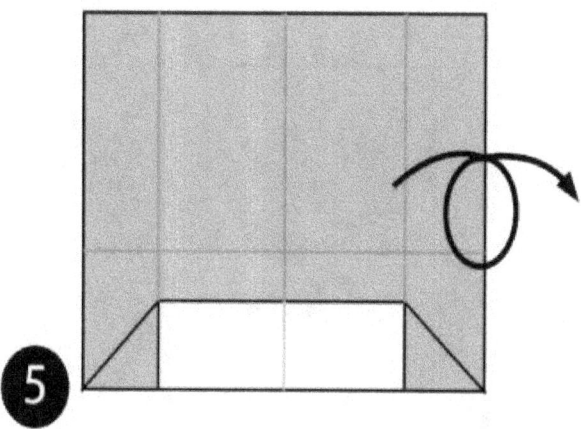

Da la vuelta a la pieza entera.

Paso 6

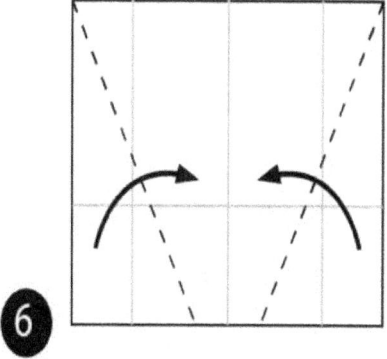

Siguiendo las líneas de puntos, dobla el lado izquierdo y luego el lado derecho. El lado derecho se superpondrá con el izquierdo, como se muestra en el siguiente paso.

Paso 7

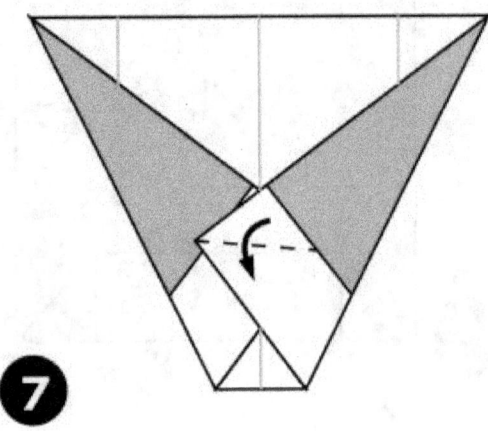

¿Ves la línea de puntos y la flecha? Siguiendo la flecha, dobla hacia abajo la esquina a lo largo de la línea de puntos.

Paso 8

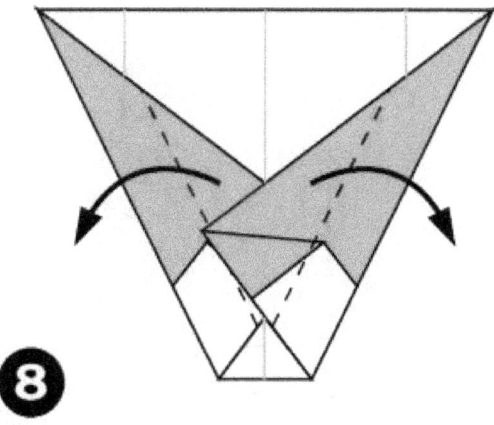

Sigue las líneas de puntos y dobla el lado derecho primero (la parte superior) y luego el izquierdo.

Paso 9

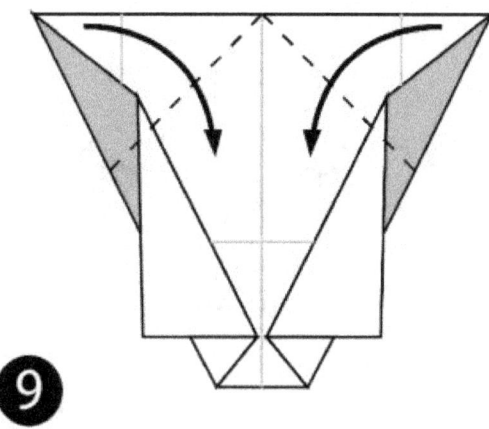

Dobla las dos esquinas superiores hacia abajo para encontrarlas con el pliegue central, como se muestra.

Paso 10

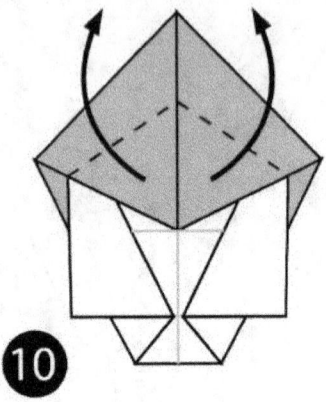

Siguiendo las líneas de puntos, dobla hacia arriba y hacia afuera un poco para ambos lados, como se muestra.

Paso 11

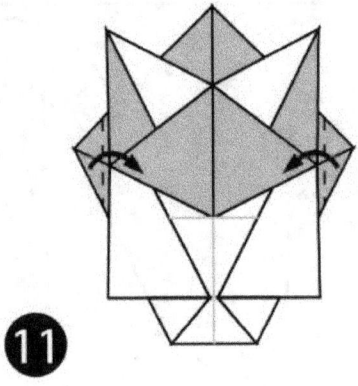

Dobla las "pestañas" izquierda y derecha como se muestra.

Paso 12

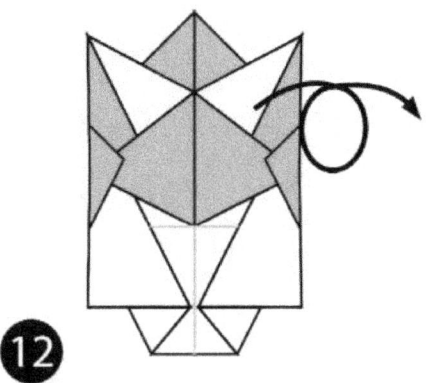

Da la vuelta a la pieza entera.

Paso 13

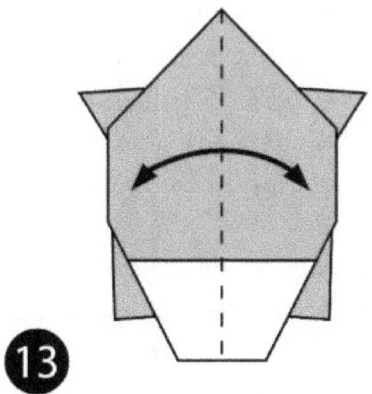

Dobla por la mitad con un pliegue de montaña como se muestra y dobla, luego desdobla.

Paso 14

Un Ornitorrinco

¡Dibuja ojos y otros detalles para arreglar a tu nuevo amigo! ¿Tal vez darle unas gafas de sol frescas?

Dato curioso: cuando el ornitorrinco se trajo por primera vez de Australia a Gran Bretaña, la gente no creía que fuera un animal real debido a su aspecto extraño. Tiene una cola parecida a una paleta como un castor, un cuerpo peludo muy parecido a una nutria, patas palmeadas y un pico como un pato.

Sabías que... el récord mundial de serpiente de origami más largo es de 152,52625 pies de largo. Este récord mundial se hizo el 11 de marzo de 2001 en Singapur. También hay un récord para la oruga más larga, que es de 2.128 pies. Fue hecho en Alemania en octubre de 2004 por 60 hombres con 25.000 hojas de papel.

Capítulo 16: Gorila

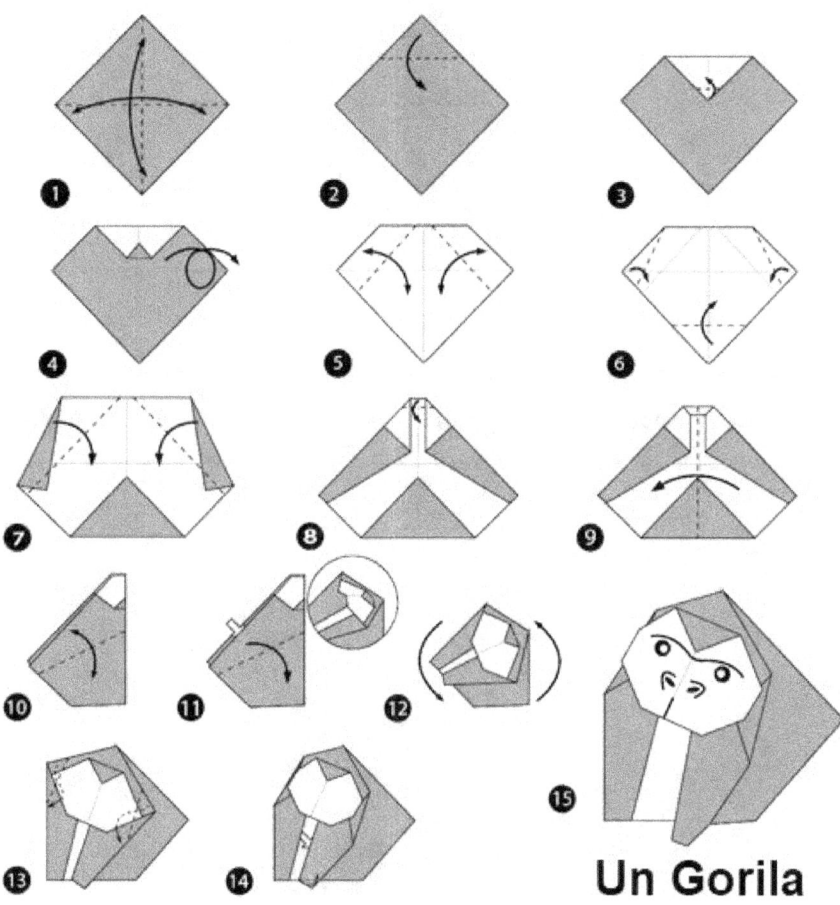

Un Gorila

Tenemos felinos, caninos, peces, osos, aves... ¡ahora necesitamos un primate! Comienza este proyecto con el papel plano sobre tu superficie de trabajo, con el lado del color (o el patrón) nuevamente hacia arriba esta vez, colocado en forma de diamante.

Paso 1

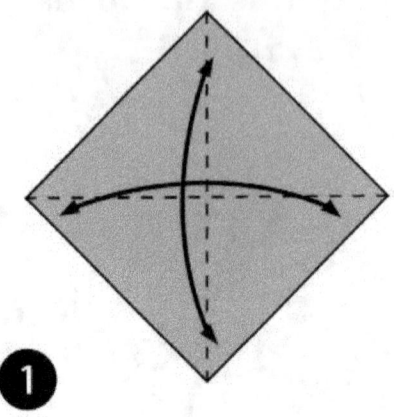

Dobla la esquina izquierda hacia la derecha, dobla bien y luego desdobla nuevamente. Luego, dobla la esquina superior hacia abajo hasta la parte inferior, dobla y desdobla también.

Paso 2

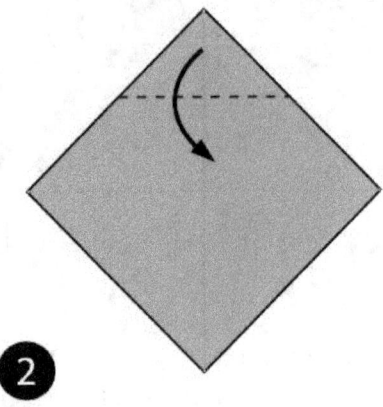

Dobla la punta superior hacia el centro como se muestra en la imagen.

Paso 3

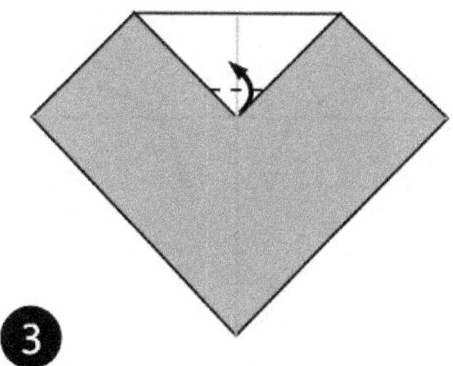

¿Ves la pequeña línea de puntos y la flecha? Dobla la pequeña punta hacia arriba, como se muestra.

Paso 4

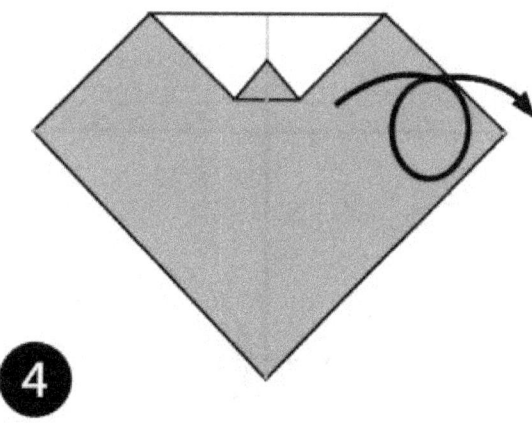

Probablemente recuerdes lo que significa este símbolo, ¡y es muy fácil! Solo da la vuelta a la pieza entera.

Paso 5

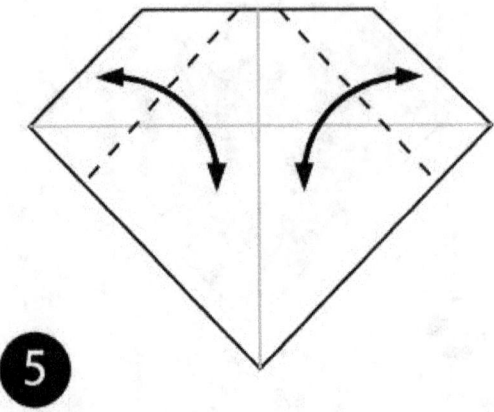

Echa un vistazo a las líneas de puntos y flechas en ambos lados. Dobla a lo largo de las líneas de puntos en la dirección de las flechas como se muestra. Recuerda doblar bien, luego desdobla.

Paso 6

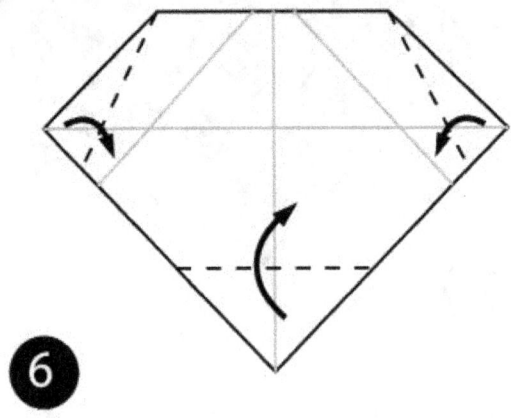

Aquí tienes 3 pliegues para hacer, pero no te preocupes, es bastante fácil. Dobla la esquina izquierda para que la punta pase un poco más allá del pliegue que hiciste a la izquierda en el paso 5. Ahora haz lo mismo con el lado derecho. Finalmente, dobla la esquina inferior hacia arriba como se muestra en la imagen por la línea de puntos.

Paso 7

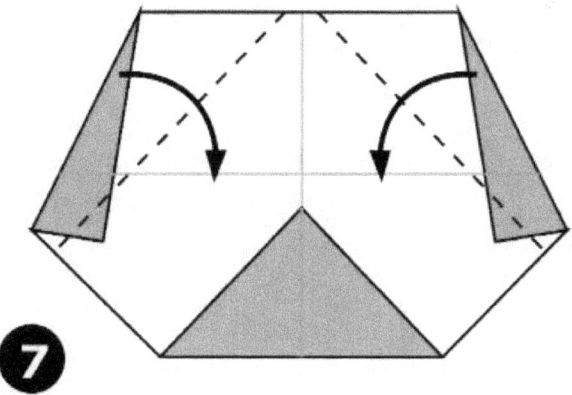

Dobla a lo largo de la línea de puntos a la izquierda en la dirección de la flecha como se muestra. Haz lo mismo siguiendo la línea de puntos en el lado derecho.

Paso 8

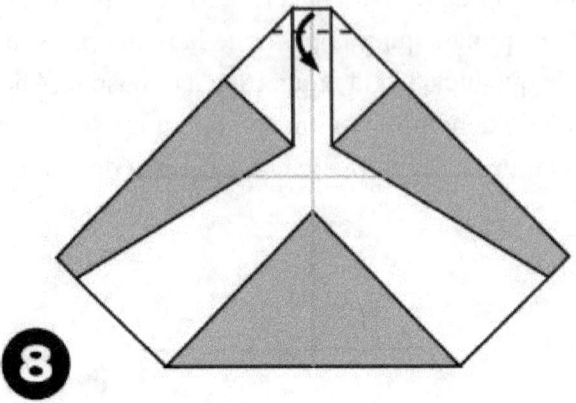

¿Ves la pequeña línea de puntos en la parte superior de nuevo? Dobla hacia abajo a lo largo de la línea de puntos como se muestra en la imagen.

Paso 9

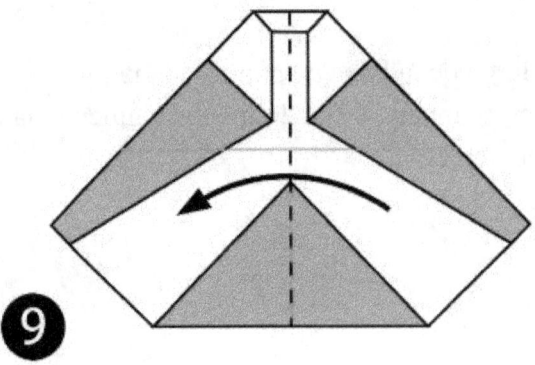

Dobla la mitad derecha hacia la izquierda, de modo que el proyecto se doble por la mitad.

Paso 10

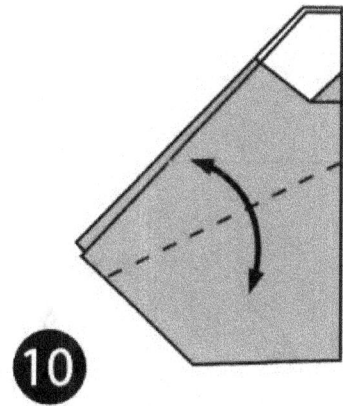

Dobla a lo largo de la línea de puntos hacia abajo como se muestra en la imagen. Dobla bien, y luego desdobla. Repite estos pasos de nuevo, pero doblando a lo largo de las líneas de puntos hacia atrás.

Paso 11

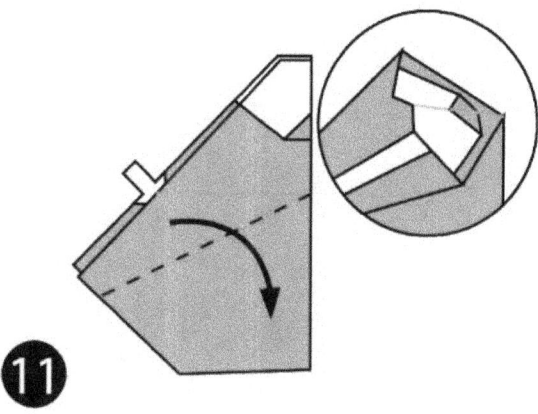

¿Ves dónde está la flecha blanca? Levanta esto un poco para que comience a abrirse y luego haz un pliegue de calabaza a lo largo de la línea de puntos como se muestra. Puedes ver cómo debería verse en el paso 12.

Paso 12

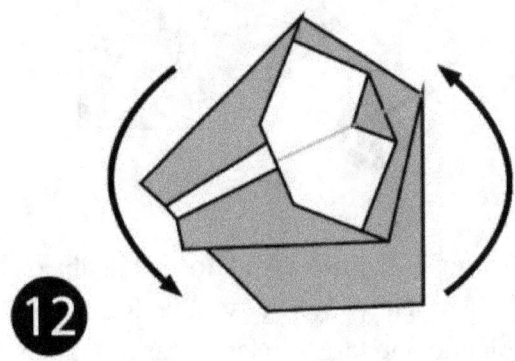

Gira tu proyecto de origami a la izquierda, como se muestra por las flechas. Puedes ver lo que quiero decir y cómo debería verse en el paso 13.

Paso 13

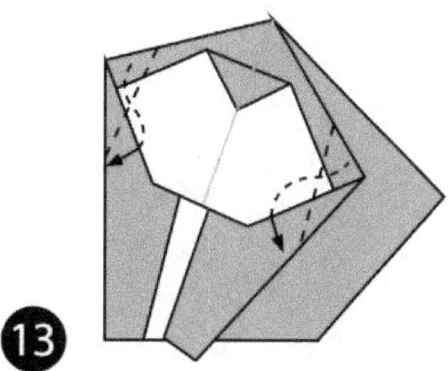

¿Ves las flechas y las líneas de puntos en ambos lados? Haz un pliegue de bolsillo, metiendo las puntas dentro. Recuerda hacer esto en ambos lados, como se muestra en la imagen. ¡Ya casi terminas!

Paso 14

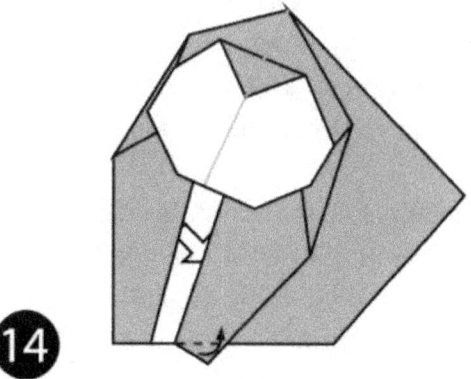

¿Ves la flecha blanca y la línea de puntos? Levanta el lado al que apunta la flecha blanca y haz un pliegue de bolsillo donde se muestra la línea de puntos, metiendo dentro.

Paso 15

Un Gorila

¡Boom! Tu gorila solo necesita algunos ojos, nariz y otros detalles que quizás quieras agregar, ¡y entonces él (o ella) está listo!

Dato curioso: después de los chimpancés y los bonobos, los gorilas son los parientes vivos más cercanos a los humanos. Ellos comparten aproximadamente el 95% de su ADN con personas, y nuestras dos especies provienen del mismo ancestro común.

Sabías que... además de los proyectos de origami más grandes, también hay récords mundiales para las piezas más pequeñas. El profesor Watanabe en Japón dobló la grulla de papel más pequeña; tiene un tamaño de solo 1 mm y se fabricó con pinzas y un microscopio. Un francés llamado Eric Roudiere hizo el pollo más pequeño de origami con solo 1.5 mm x 1.5 mm x 1.19 mm. El 16 de marzo de 1995, un niño llamado Christian Thorp Frederiksen que tenía solo 12 años de edad hizo el avión de papel más pequeño, que mide 2.5 mm x 1 mm, y un hombre llamado Christian Elbrandt dobló una rana de origami de 2.7 mm que puede saltar a 103 mm.

Capítulo 17: Cisne

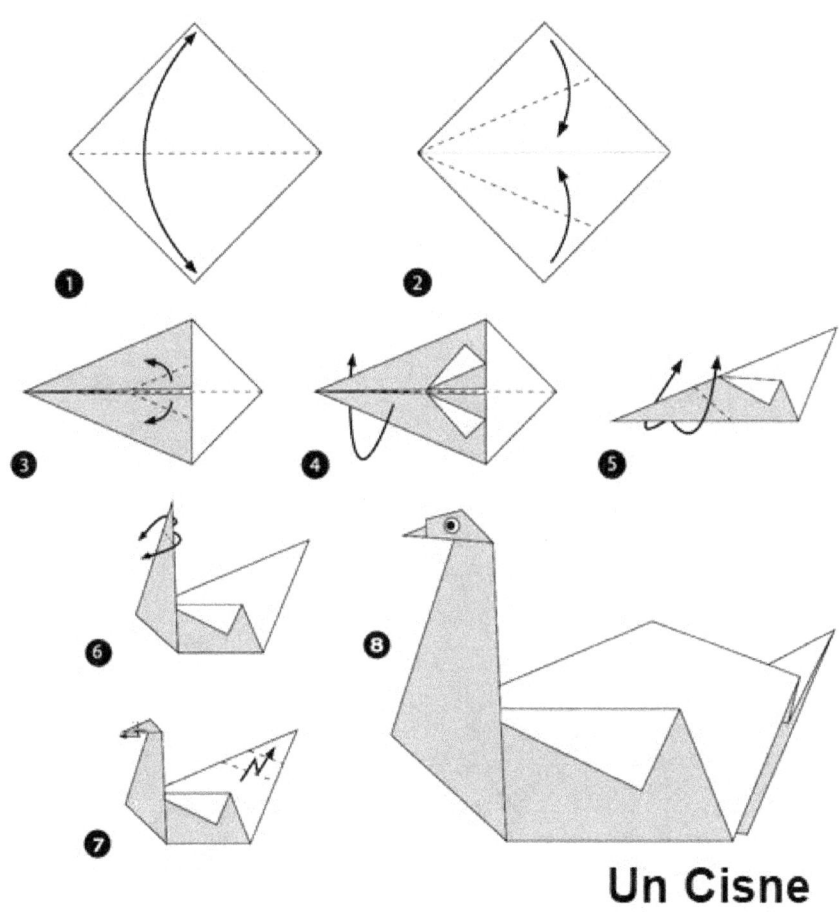

Un Cisne

Tenemos un pingüino (ellos nadan en el agua), así que tal vez necesite otro amigo del agua con plumas. Comienza con el papel plano sobre la superficie de trabajo, con el color (o el patrón) hacia abajo, en forma de diamante. Este color hacia abajo será el exterior, o "plumas", de tu cisne.

Paso 1

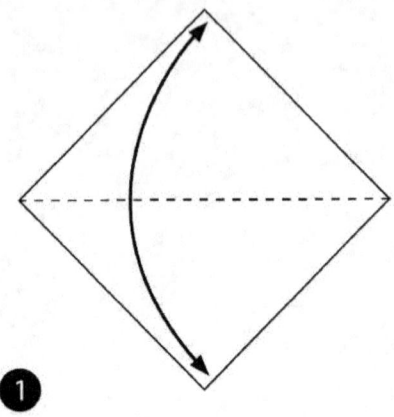

Dobla la punta inferior hacia arriba para encontrar la punta superior, formando un pliegue central. Desdobla de nuevo.

Paso 2

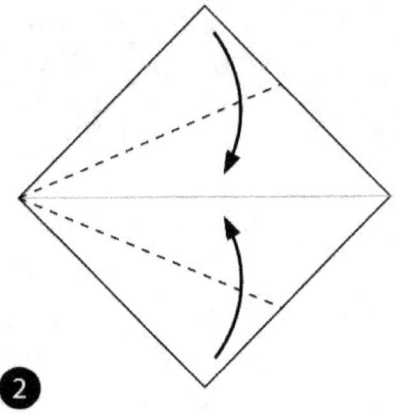

¿Ves las líneas de puntos? Dobla cada borde a lo largo de las líneas de puntos que coincidan con el pliegue central como se muestra.

Paso 3

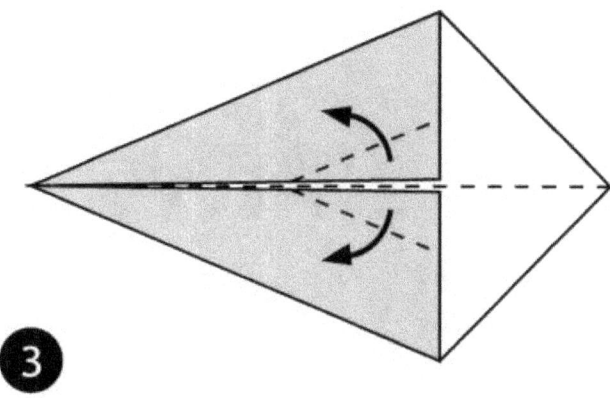

Dobla las esquinas interiores a lo largo de las líneas de puntos.

Paso 4

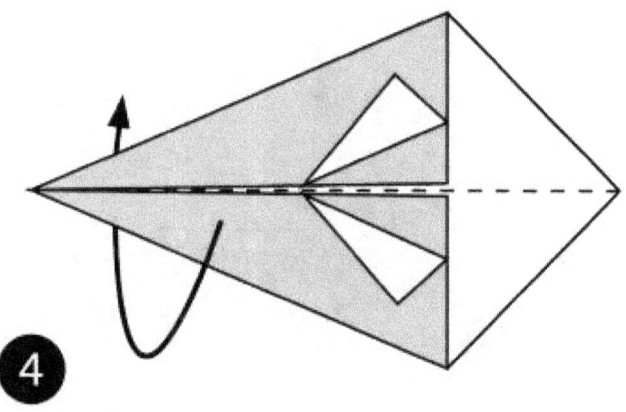

Dobla la pieza entera por la mitad con un pliegue de montaña doblando los dos lados juntos.

Paso 5

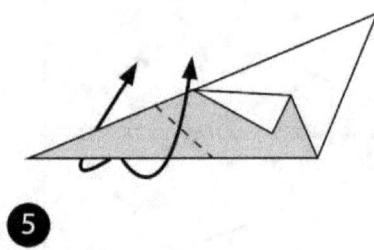

¿Ves las flechas? Levanta la punta hacia arriba, siguiendo las flechas, y dobla en el centro, doblando, con un pliegue de bolsillo.

Paso 6

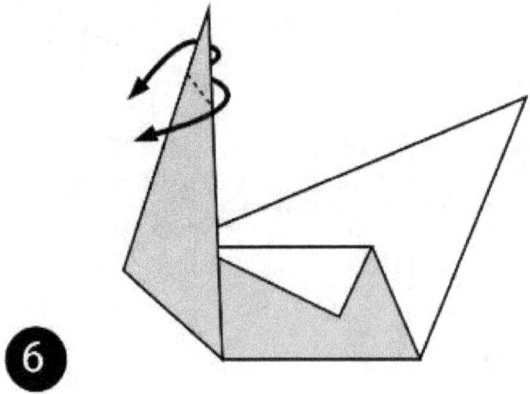

Repite la técnica que usaste en el paso cinco en la punta aquí, como se muestra.

Paso 7

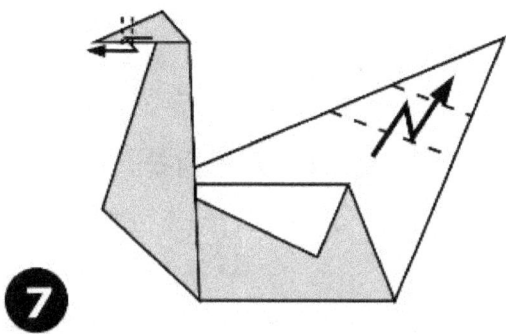

¿Ves las líneas de puntos en la cola? Dobla hacia abajo y hacia adentro siguiendo las líneas de puntos, haciendo un pliegue escalonado. Dobla bien. Dobla el pico ligeramente hacia adentro usando un pliegue escalonado.

Paso 8

Un Cisne

¡Ahora tienes un cisne elegante! Al igual que la historia del patito feo que se transforma en un hermoso cisne, has transformado una hoja de papel normal en un cisne de papel especial.

Dato curioso: los cisnes son el miembro más grande de la familia de los patos y los gansos. Tienen más de 25.000 plumas. Un cisne macho se llama "cob" en inglés (en español solo se llama cisne macho), mientras que un cisne hembra se llama "pen" en inglés (en español solo se llama cisne hembra).

Sabías que... en México, las envolturas de dulces a menudo son tejidas en bolsos, joyas, carteras y otros accesorios. Esto ayuda al medio ambiente al reutilizar el papel que normalmente sería basura. También ayuda a la economía mexicana.

Capítulo 18: Jirafa

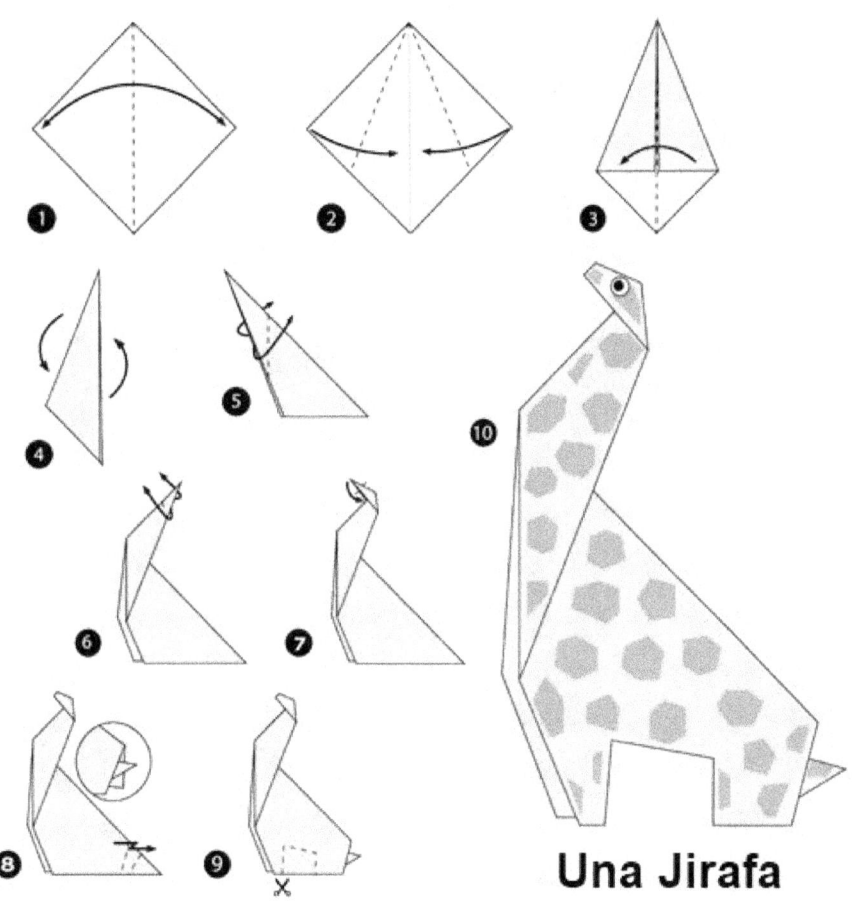

Una Jirafa

Nuestro desfile de animales continúa con esta linda jirafa. Al igual que muchos de nuestros otros proyectos de origami animal, comienza este colocando tu papel en una superficie de trabajo plana con el color (o patrón) hacia abajo, de modo que tenga la forma de un diamante.

Paso 1

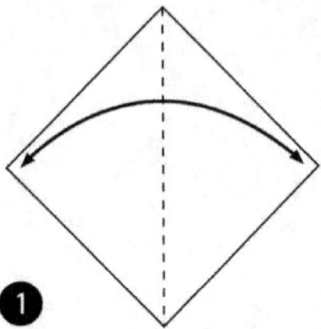

Dobla el papel por la mitad de izquierda a derecha, dobla bien y luego vuelve a desdoblar.

Paso 2

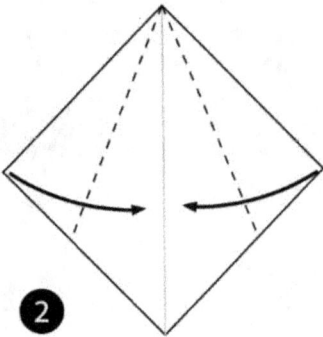

Siguiendo las líneas de puntos, dobla las dos esquinas exteriores para que se junten en el pliegue central.

Paso 3

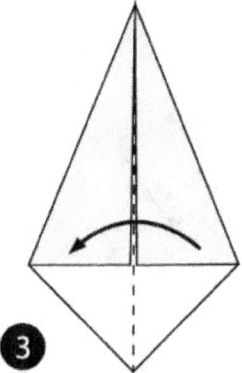

Ahora dobla por la mitad a lo largo de la línea central, como se muestra en la imagen.

Paso 4

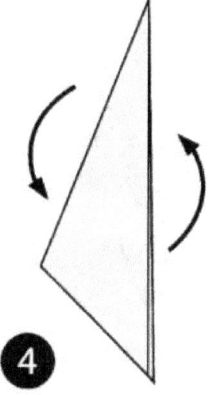

Gira la pieza completa hacia la izquierda, como se muestra, de modo que la punta superior quede apuntada hacia arriba y hacia la izquierda (como en la imagen).

Paso 5

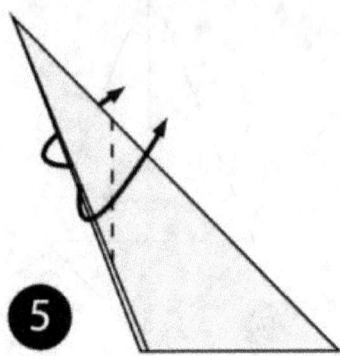

Siguiendo las flechas, dobla la pieza hacia atrás y hacia afuera, comenzando un pliegue de capucha.

Paso 6

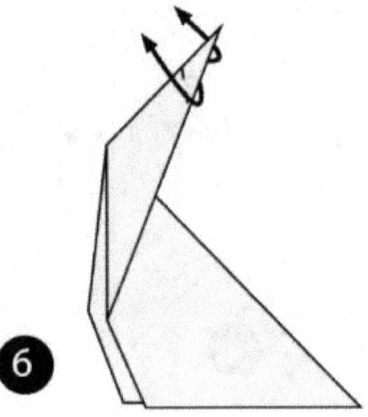

Completa el pliegue de capucha desde arriba, doblando bien.

Paso 7

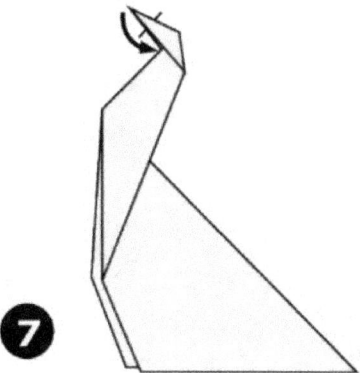

Ahora haz un pliegue de bolsillo regular en la punta, doblando hacia adentro como se muestra.

Paso 8

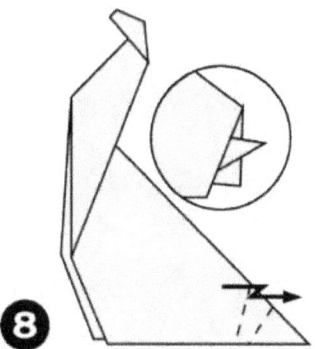

Realiza un pliegue escalonado en la cola como se muestra en la imagen de arriba.

Paso 9

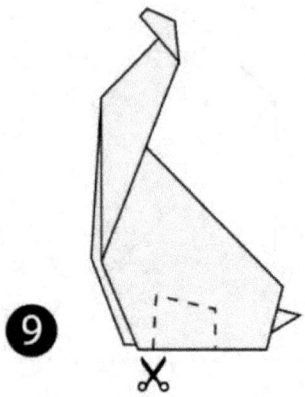

Pídele ayuda a un adulto con esta parte si la necesitas porque usa tijeras. Corta a lo largo de las líneas de puntos que se muestran aquí y retira la pieza que cortaste.

Paso 10

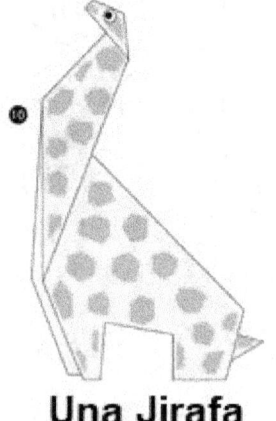

Una Jirafa

Agrega ojos, y manchas (o rayas, o estrellas, o lo que quieras), y tu jirafa está lista para jugar con los otros animales.

Dato curioso: las jirafas son los mamíferos más altos de la Tierra. Sus piernas solas son más altas que la mayoría de las personas con aproximadamente 6 pies de altura. Incluso con sus cuellos muy largos, sus largas piernas hacen que su cuello y su cabeza no puedan alcanzar el suelo cuando se inclinan hacia adelante.

Sabías que... el origami no solo es divertido, también se usa con fines educativos. El plegado de origami puede ayudarte a comprender mejor la geometría, las habilidades de visualización, las fracciones de aprendizaje en matemáticas y la resolución de problemas, ¡solo por mencionar algunos!

Capítulo 19: Ardilla

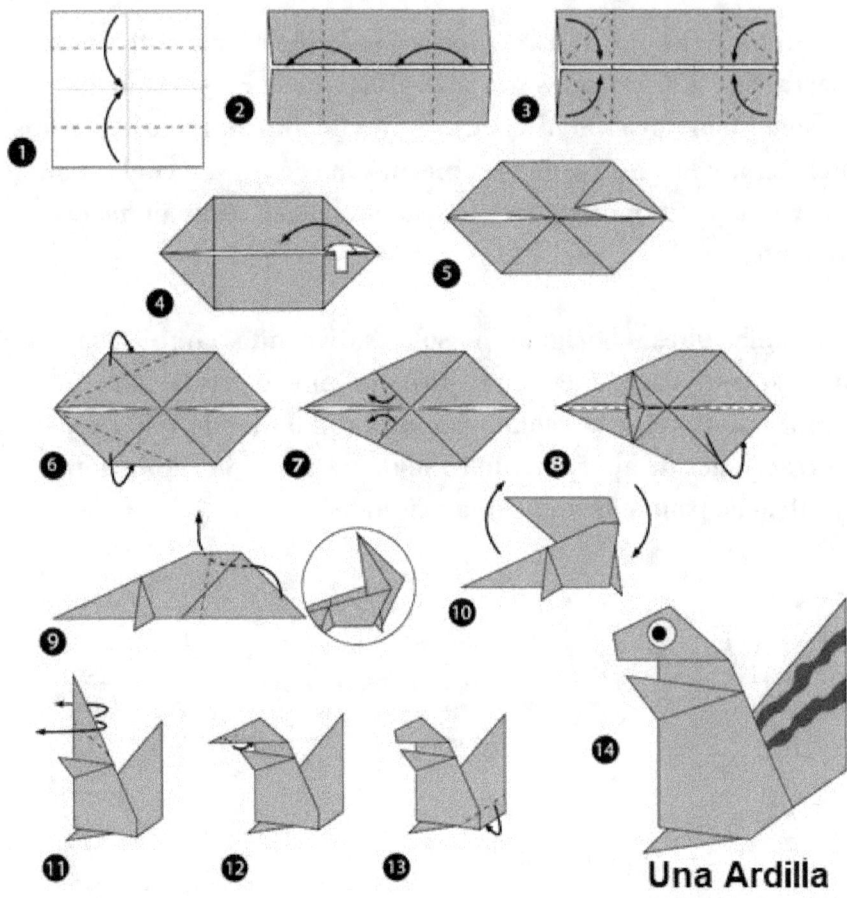

Una Ardilla

Para nuestro último amigo animal, tenemos una pequeña ardilla. Comienza con el papel plano sobre la superficie de trabajo, con el color (o el patrón) hacia abajo, con la forma de un cuadrado. Prepara tu papel doblando por la mitad de arriba a abajo, y de izquierda a derecha, y desdobla. Utiliza estos pliegues como una guía.

Paso 1

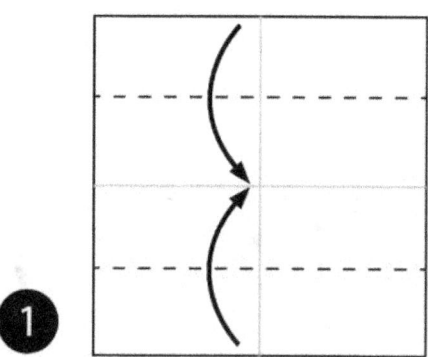

Dobla el borde superior hacia abajo hasta el pliegue central. Dobla el borde inferior hasta el pliegue central, reuniendo con el borde superior en el centro. Dobla bien.

Paso 2

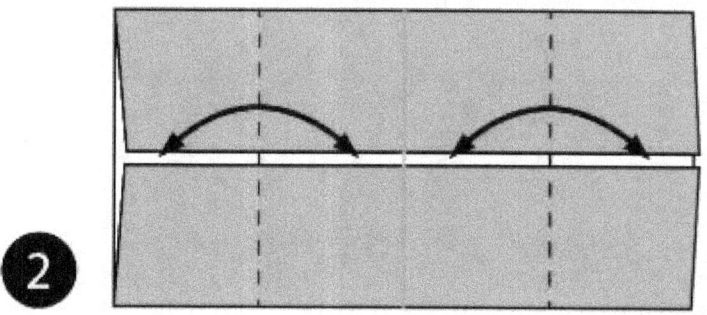

Dobla el borde izquierdo para encontrarlo con el pliegue central. Luego dobla el derecho hacia el pliegue central también, encontrándolo con el borde izquierdo. Dobla bien, y desdobla de nuevo.

Paso 3

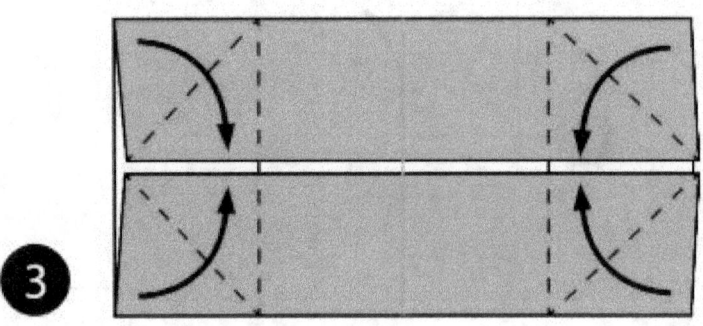

Dobla la esquina superior izquierda hasta la línea central como se muestra en la imagen. Haz lo mismo en las otras tres esquinas restantes.

Paso 4

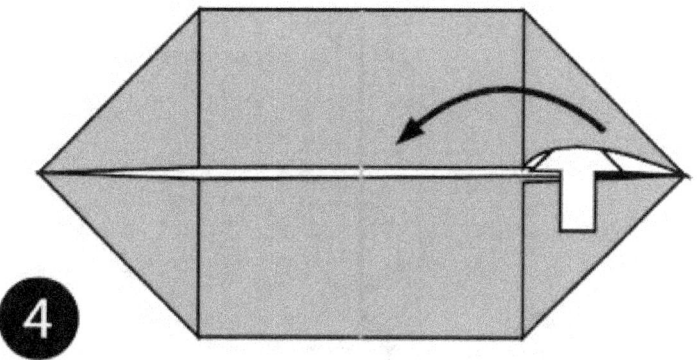

Ahora deberías tener un bolsillo donde está la flecha blanca. Levántalo y aplástalo con un pliegue de calabaza.

Paso 5

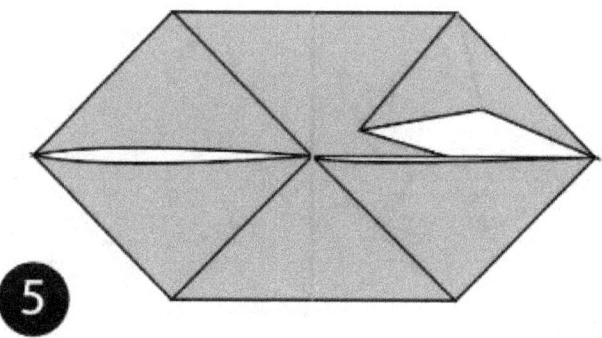

Repite el paso cuatro en los tres bolsillos restantes, como se muestra.

Paso 6

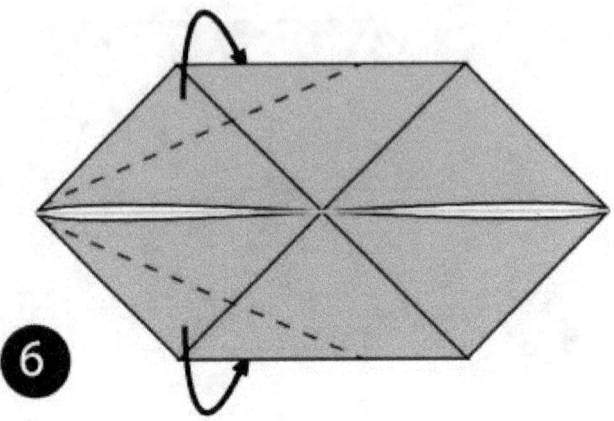

Siguiendo las líneas de puntos, dobla estas dos secciones hacia atrás con un pliegue de montaña.

Paso 7

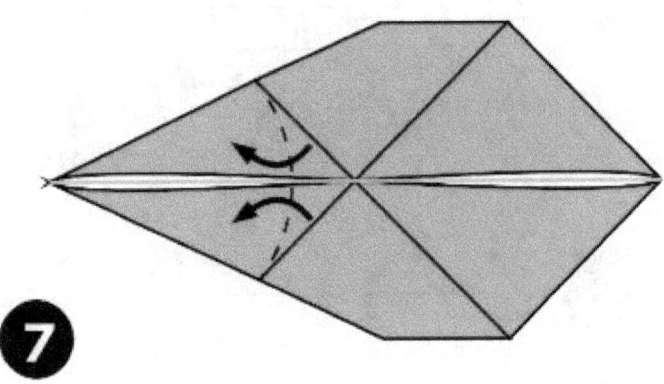

¿Ves las líneas de puntos y las flechas? Dobla hacia adentro a lo largo de las líneas de puntos, de modo que estas áreas se encuentren encajadas.

Paso 8

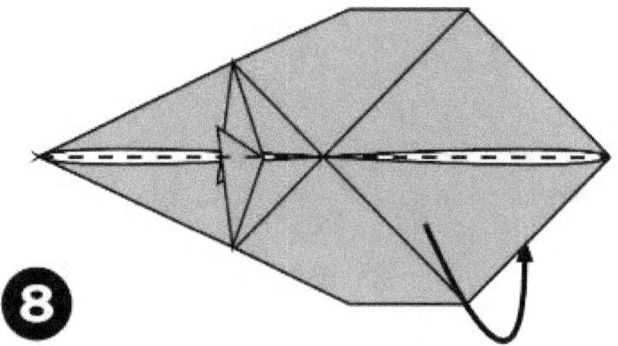

Dobla por la mitad metiendo la parte inferior hacia atrás con un pliegue de montaña, como se muestra por la flecha.

Paso 9

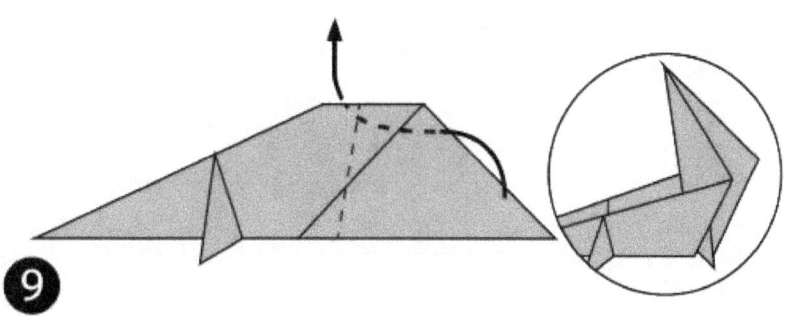

Sigue las líneas de puntos, y dobla hacia adentro, metiendo, usando un pliegue de bolsillo.

Paso 10

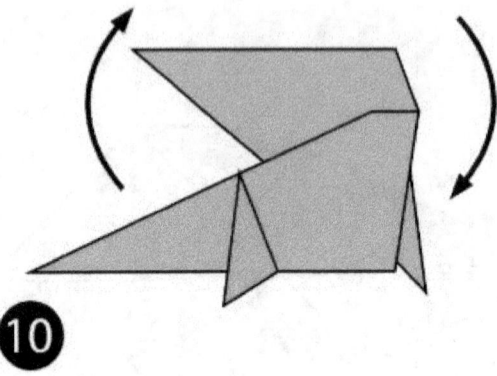

Gira la pieza un poco hacia la derecha, de modo que las puntas de la izquierda estén ahora en la parte superior.

Paso 11

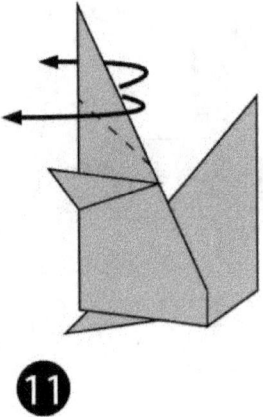

¡Esta parte es complicada, pero puedes hacerlo! Dobla a lo largo de la línea de puntos, yendo hacia adentro y metiendo, y luego aplanando. Este es el pliegue de calabaza otra vez.

Paso 12

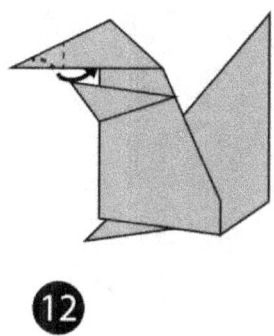

Ahora usa un pliegue hacia adentro donde está la línea de puntos, metiendo la punta dentro.

Paso 13

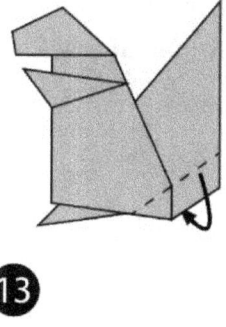

¿Ves la línea de puntos? Dobla a lo largo de la línea de puntos, doblando el borde hacia arriba en el interior.

Paso 14

Una Ardilla

¡Fantástico! Agrega un ojo, algunos detalles de la nariz, algunos bigotes y cualquier otra cosa que desees para que tu ardilla sea única.

Dato curioso: ¡Una ardilla recién nacida mide solo una pulgada de largo!

Sabías que... de acuerdo con una antigua leyenda japonesa, si pliegas mil grullas, recibirás un deseo. ¿Qué piensas? ¿Es esta leyenda cierta? ¿Por qué o por qué no?

¡Te veo pronto!

¡Llegaste hasta el final! Como todas las cosas buenas, esta aventura debe llegar a su fin. ¡Pero no te preocupes! Hay muchas más aventuras por delante. Si aún no lo has hecho, quizás te gustaría unirte a mí en la aventura que inició esta serie, mi primer libro: "Origami para niños: Libro de Instrucciones Fáciles de Origami Japonés para Niños". ¡Hay todo tipo de cosas interesantes en él que puedes aprender a plegar!

Vimos muchos animales en esta aventura. ¿También encontraste algún tesoro mientras leías este libro? ¿Qué aprendiste o descubriste mientras te abrías paso? Hay muchos datos divertidos y sorprendentes sobre los animales y el origami a lo largo de este libro. ¿Pudiste leerlos todos? ¡Yo espero que sí! Si no es así, tómate un tiempo para volver y leer un poco más. ¡Puedes aprender algo realmente interesante o descubrir algo completamente nuevo para ti!

Tal vez descubriste una verdadera pasión por el origami. Tal vez descubriste que te encantan las impresiones de animales, o estás interesado en un tipo específico de animal y te gustaría aprender más sobre él. Tal vez simplemente descubriste el amor por la lectura y el aprendizaje de una forma que no conocías antes. O tal vez lo pasaste bien y ahora pasarás a una experiencia completamente nueva. Cualquiera que sea el caso, ¡espero que hayas disfrutado este viaje!

Puedes hacer casi cualquier cosa de papel. Un vaso de papel, bonitas cajas de regalo, envoltorios, saltando ranas, monederos, carteras, las opciones siguen y siguen.

Si te divertiste y disfrutaste en este libro, házmelo saber dejando un comentario en Amazon. ¡Me encantaría escuchar tus pensamientos!

¡Gracias!

www.ingramcontent.com/pod-product-compliance
Lightning Source LLC
Chambersburg PA
CBHW071229080526
44587CB00013BA/1546